LIÇÕES DE IMPACTO E INOVAÇÃO

JEFFREY J. FOX
ROBERT REISS

LIÇÕES DE IMPACTO E INOVAÇÃO

*O executivo transformador
no jogo da indústria*

TRADUÇÃO
Nivaldo Montingelli Jr.

Título original
The Transformative CEO
Impact Lessons from Industry Game Changers

Copyright © 2012 *by* Jeffrey J. Fox e Robert Reiss

Todos os direitos reservados. Nenhuma parte desse livro pode ser usada ou reproduzida sem autorização, por escrito, do editor.

Direitos para a língua portuguesa reservados
com exclusividade para o Brasil à
EDITORA ROCCO LTDA.
Av. Presidente Wilson, 231 – 8º andar
20030-021 – Rio de Janeiro – RJ
Tel.: (21) 3525-2000 – Fax: (21) 3525-2001
rocco@rocco.com.br
www.rocco.com.br

Printed in Brazil/Impresso no Brasil

PREPARAÇÃO DE ORIGINAIS
Fátima Fadel

DIAGRAMAÇÃO
FA Studio

CIP – Brasil. Catalogação na fonte.
Sindicato Nacional dos Editores de Livros, RJ.

F863L Fox, Jeffrey J., 1945-
　　　Lições de impacto e inovação: o executivo transformador no jogo da indústria / Jeffrey J. Fox; tradução de Nivaldo Montingelli Jr.. – Rio de Janeiro: Rocco, 2014.

　　　Tradução de: The transformative CEO
　　　ISBN 978-85-325-2889-6

　　　1. Administração. 2. Negócios. I. Título.

13-07597
　　　　　　　　　　　　　　　　　　CDD – 650
　　　　　　　　　　　　　　　　　　CDU – 005

Jeffrey Fox dedica este livro a Merrill Yavinsky.
Amici.

Robert Reiss dedica este livro à sua fundação, Barbara;
e às suas inspirações, James, Josh e Molly.

Sumário

Agradecimentos   9

Notas dos autores   11

Conheça os executivos transformadores   13

1. O executivo transformador   23
2. Sobre executivos transformadores   25
3. Como recuperar uma empresa   33
4. Proteja ou mude a cultura da empresa   45
5. Ponha a cultura em primeiro lugar e para sempre   49
6. Contrate de acordo com a sua cultura   55
7. Desempenho durante a transformação   61
8. Ter um propósito mais elevado   65
9. Devolver   71
10. Nada é impossível   79
11. Assumir o risco   83
12. Obstáculos são oportunidades   89
13. O dispendioso atendimento ao cliente é gratuito   95
14. Como inovar   99

- (15) Faça tudo melhor, melhor, melhor!   105
- (16) Defenda ideias   109
- (17) Lidere com amor   111
- (18) Liderança não é um concurso de amizade   113
- (19) Esteja consciente da sua esteira   115
- (20) Sobre tomada de decisões   117
- (21) Planeje com princípios   121
- (22) "263 é perfeito"   125
- (23) Dolarizar ou morrer   129
- (24) Sempre avalie pelo valor   135
- (25) Venda. Venda. Venda.   139
- (26) Seja um construtor de marcas ousado   143
- (27) Conte histórias   147
- (28) Cuidado com sua lista do que fazer   153
- (29) Oitenta por cento é muito   157
- (30) Um corte de custos de US$700 bilhões   159
- (31) Olhe para os números   163
- (32) Viva e lidere pela lei da Girl Scout   165
- (33) Transpire alegria   173

Epílogo: Diversão   174

Agradecimentos

Doris Michaels e Pauline Hsia, da DSM Literary Agency, em Nova York, pela representação profissional continuada.

Delia Berrigan Fakis, estrategista editorial, Hallmark Gift Books.

Obrigado à equipe da McGraw-Hill por fazer este livro acontecer.

Erin, Elizabeth Cosette Communications and Public Relations, LLC em Avon, Connecticut, por manter de forma incansável este projeto nos trilhos.

E um agradecimento especial a cada CEO transformador envolvido nesta iniciativa que essencialmente define uma nova categoria de liderança. Cada colaborador foi cortês, modesto, inspirador e ofereceu um modo de pensar profundo e uma impressionante sabedoria nos negócios e na vida. Seu apoio a este livro é... transformador.

Notas dos autores

Na faculdade li *Think and Grow Rich* [Pense e Enriqueça], o clássico de Napoleon Hill. A premissa era única: em 1908, Andrew Carnegie, um grande industrial da sua época, apresentou o jovem Napoleon Hill aos homens de negócios mais bem-sucedidos do mundo para que ele pudesse escrever um livro a respeito do que distinguia essas pessoas. Eu achava que Napoleon Hill teve o melhor emprego do mundo e sonhava em segredo em ter um dia uma oportunidade daquelas.

Anos mais tarde, depois de ter sido consultor de estratégia para executivos e ter lido mais de quinhentos livros sobre negócios, compreendi que determinados CEOs possuíam habilidades únicas para construir negócios, criar empregos e chegar ao sucesso. Foi essa a gênese do *The CEO Show*, onde eu usava o rádio como canal para ajudar os CEOs a divulgar suas visões sobre negócios e sucesso pessoal. Desde o início, eu tinha o alto propósito de disseminar a sabedoria dos CEOs... percebendo que, atingindo um número suficiente de pessoas, eu poderia fazer minha pequena parte para elevar pessoas, empresas, a economia e até mesmo o mundo. Embora inicialmente isso não tenha ficado claro para mim, eu havia fechado o círculo e estava de fato vivendo meu drama.

Agora que *The CEO Show* passou seu quinto aniversário e depois de entrevistar mais 250 CEOs de primeira grandeza, está claro que os CEOs excepcionais têm um traço em comum: eles são transformadores. Sabem como revitalizar uma empresa, reinventar uma indústria e às vezes até reiniciam a sociedade. Em *Lições de impacto e inovação* – que, para mim, define uma nova categoria de liderança –, Jeffrey e eu conseguimos resumir a sabedoria dos CEOs em poucas lições vitais, cada uma das quais irá torná-lo mais um inovador do jogo e um bem-sucedido causador de transformações. Que este livro possa ajudá-lo na sua carreira e na sua vida.

Robert Reiss

Com que frequência você tem a oportunidade de ter CEOs com desempenho superalto conversando diretamente com você? De lhe contar como eles pensam, como tomam decisões e quais são seus princípios gerenciais? Suas receitas secretas de sucesso? Que tal é sentar-se à mesa diante do sujeito que contratou um Duck [pato] para ser o porta-voz da sua empresa ou da mulher que ressuscitou a empresa de helicópteros de Howard Hughes? Que foi um sem-teto? Descubra com John Paul DeJoria como superar isso. Ou que foi exilado por Fidel Castro aos 10 anos de idade? Ralph de la Vega já foi. Quer conhecer CEOs que são amigos do Homem Aranha, do Incrível Hulk, de Frankie Valli e de The Four Seasons, do seu homem local da UPS, da senhora que entrega suas bolas de assoprar para aniversários?

Em caso positivo, continue lendo.

Jeffrey Fox

Conheça os executivos transformadores

1-800-Flowers. Jim McCann, fundador e CEO, criou uma nova categoria de varejo, formando a maior florista e empresa de presentes do mundo. Sua empresa foi a primeira a usar o número 800 como marca e também como "loja". Em 1992, Jim McCann começou a vender pela internet, tendo sido um dos primeiros a fazê-lo.

Aflac. O presidente do conselho e CEO Dan Amos está entre os CEOs de mais longo mandato na lista Fortune 500. Ajudou a transformar uma empresa familiar de sucesso numa das 125 maiores da lista da Fortune, tornando-se líder da indústria com receitas superiores a US$22 bilhões. A Aflac é uma ganhadora perene de numerosos prêmios corporativos. Dan Amos tem realizado muito na sua carreira, mas é provavelmente mais conhecido por ter introduzido o Aflac Duck.

Air Canada. Quando Calin Rovinescu assumiu na Air Canada a posição de CEO, em abril de 2009, a empresa estava perto da bancarrota. Treze meses depois, a Air Canada foi citada pela Sky Trax como a companhia aérea número um da América do Norte.

AT&T Mobility. Aos 10 anos de idade, Ralph de la Vega estava separado da família havia quatro anos. Essa experiência lhe ensinou a importância de superar obstáculos. Ralph de la Vega é CEO da AT&T Mobility e supervisiona 46 mil funcionários, servindo quase 100 milhões de clientes, com mais de US$50 bilhões em receitas. Quando a Cingular Wireless fez sua fusão com a AT&T Wireless, ele uniu duas culturas empresariais de 30 mil pessoas em apenas 19 dias. Sua participação foi vital na introdução do iPhone.

Beekley Corp. Ayn LaPlant tem sido CEO ou presidente por 21 anos. A Beekley criou um sistema de diagnóstico para que radiologistas possam ler com maior exatidão mamografias e raios X. Os produtos da empresa têm salvado milhões de vidas de mulheres.

Bicron Corporation. Chris Skomorowski, CEO, está transformando uma sonolenta fabricante de eletrônicos com 30 anos de idade numa empresa global de alta tecnologia e rápido crescimento.

Black Entertainment Television (BET). Robert L. Johnson é fundador e presidente do conselho da RLJ Companies, que controla um portfólio variado de empresas. Foi fundador e presidente do conselho da Black Entertainment Television, a primeira rede nacional de televisão a oferecer programação de qualidade para o público afro-americano. Em 2001, ele vendeu a BET para a Viacom por cerca de US$3 bilhões.

Build-A-Bear Workshop. Maxine Clark, CEO, fundou a empresa em 1997, com um novo conceito de varejo que possibilita que os clientes construam um urso ou deem vida aos seus animais empalhados. A Build-A-Bear tem mais de quatrocentas lojas e é uma das empresas mais queridas do mundo.

Campbell Soup. Quando Doug Conant tornou-se CEO em 2001, a Campbell Soup havia perdido metade do seu valor de mercado em um ano e tinha de fato reduzido a quantidade de galinha na sopa com macarrão que levava seu nome. Transformando a cultura em primeiro lugar, ele liderou a recuperação da empresa.

Cirque du Soleil. Daniel Lamarre, CEO, transformou o Cirque, que oferecia sete programas "tradicionais", numa organização que oferece 22 criações inovadoras em cinco continentes, inclusive novos gêneros como "Amor".

Coldwell Banker. Jim Gillespie é CEO da Coldwell Banker Real Estate LLC, com mais de 86 mil agentes e funcionários em todo o mundo. Desde que passou a CEO em 2004, Gillespie teve cinco diretores de operações diferentes, quatro dos quais se tornaram CEOs de outras grandes empresas imobiliárias.

Container Store. Kip Tindell é fundador e CEO da Container Store, loja especializada em armazenagem e organização. A empresa é constantemente selecionada como uma das "100 Melhores Empresas para se Trabalhar" da revista *Fortune*.

Danaher Corp. Larry Culp tornou-se CEO em 2001. Durante seu mandato as receitas triplicaram para mais de US$13 bilhões e a capitalização de mercado cresceu mais de 400%, passando para mais de US$35 bilhões. A Danaher decifrou o código de como adquirir empresas e integrá-las com ganhos atraentes e o mínimo de problemas. O elogiado Danaher Business System é usado globalmente para eliminar continuamente custos e desperdícios de todos os processos, funções e operações da corporação.

Eggland's Best. Charles Lanktree, CEO, levou a Eggland's Best a reinventar a maior das commodities – o ovo –, conseguindo com isso dezenas de prêmios para sabor e valor nutricional e um aumento nas vendas superior a 17% anuais desde 1995.

General Mills. Ken Powell, CEO, lidera aquela que é uma das maiores empresas de marketing do mundo e é provavelmente a empresa com mais funcionários em serviços de voluntariado no mundo.

Girl Scouts. Kathy Cloninger liderou talvez a maior reestruturação de uma organização sem fins lucrativos, consolidando 315 escritórios em 112, realizando toda a organização, enquanto recrutava um milhão de voluntários.

Griffin Health Services Corporation. Patrick Charmel é CEO de um hospital comunitário de ensino com 160 leitos, que é a nau capitânia de uma rede internacional de instalações de serviços de saúde que adotou o inovador modelo Planetree.

Home Depot. Aos 49 anos, Bernie Marcus foi demitido do seu último cargo e, sem emprego, foi o cofundador da Home Depot, onde ocupou por 19 anos a posição de CEO, criando a moderna sociedade americana do faça você mesmo.

Honest Tea. Seth Goldman iniciou esta empresa ambientalmente consciente sem nenhuma ideia dos enormes desafios para criar uma marca nacional de bebidas.

ING DIRECT. Liderada por Arkadi Kuhlmann, seu CEO e presidente do conselho, a ING DIRECT começou em 2000. A visão dele era "trazer os americanos de volta à poupança". Ele estabeleceu um novo modelo bancário que devolvia a poupança aos clientes. Em menos de uma década, numa indústria altamente regulada, a ING DIRECT teve um crescimento sem paralelo, tornando-se a maior instituição de poupança da América, com US$90 bilhões em ativos.

International Data Group (IDG). Patrick J. McGovern, fundador e presidente do conselho da IDG, anteviu o futuro da tecnologia e a necessidade de compartilhar informações, construindo a maior empresa de mídia de tecnologia do mundo. Tendo começado com a revista *Computerworld*, a IDG tem mais de duzentos veículos impressos, mais de 460 websites e produz setecentos eventos de tecnologia por ano. A IDG fundou a série de livros Dummies. Em 2000, Pat McGovern e sua mulher, Lore Harp McGovern, doaram US$350 milhões para o estabelecimento do McGovern Institute for Brain Research no MIT.

Paul Mitchell Systems. John Paul DeJoria passou de sem-teto a multibilionário. Iniciou várias empresas, entre elas a Paul Mitchell Systems e a Patrón Spirits. Ele segue a filosofia de que as corporações devem liderar o caminho para melhorar a sociedade.

Kaiser Permanente. George Halvorson é presidente do conselho e CEO com responsabilidade por 37 hospitais, quase 9 milhões de membros e 180 mil funcionários e mais de US$47 bilhões em receitas. A Kaiser criou um novo modelo integrado de serviços de saúde que está mudando a direção desses serviços, aprimorando os resultados clínicos e, ao mesmo tempo, reduzindo custos. A Kaiser foi citada como a maior empresa diversificada da América em 2011.

Marvel Entertainment. Logo depois de Peter Cuneo ter sido nomeado CEO da Marvel, os preços das ações da empresa caíram para US$0.96 em 2000. Com apenas US$3 milhões em caixa, a Marvel utilizou seu único ativo: seu inigualado catálogo de personagens, como o Homem Aranha. Enfatizando grandes filmes e elevando sua participação no mercado de revistas em quadrinhos, a empresa obteve um rápido crescimento financeiro. Em 2009, a Disney comprou a Marvel a US$54 por ação. A recuperação da Marvel foi uma das sete realizadas por Peter Cuneo em sua notável carreira.

McDonald's. Jim Skinner é CEO da McDonald's com responsabilidade por 33 mil restaurantes e 1,7 milhão de funcionários. Quando ele assumiu o cargo, os preços das ações e a qualidade dos alimentos da McDonald's haviam estagnado. Jim Skinner recuperou a empresa, resultando em nove anos consecutivos de crescimento orgânico.

Microcare Corp. Chris Jones, CEO, transformou uma organização de representação de vendas na líder da indústria em limpeza de precisão de peças e componentes industriais de alto valor.

MTV International. Bill Roedy, primeiro CEO da MTV International, começou conectando a MTV com o mundo. No fim do seu mandato, a MTV International era exibida em 33 idiomas, em 162 países, levando ao ar 172 canais locais com audiência de 2 bilhões de pessoas. Bill Roedy é um forte defensor de questões sociais internacionais.

NetApp. No mandato de Dan Warmenhoven, presidente executivo, a NetApp foi a pioneira com um novo modelo para armazenagem de dados. A empresa passou da incorporação para mais de um bilhão de dólares em receitas em menos de dez anos. Ela foi classificada pela *Fortune* como a melhor empresa para se trabalhar em 2009.

Ogilvy & Mather. Shelly Lazarus, presidente do conselho, foi a pioneira na construção de marcas através da filantropia corporativa. Ela também é membro do conselho do comitê que encoraja a filantropia corporativa.

PAETEC. Arunas Chesonis é fundador, CEO e presidente do conselho da PAETEC. Iniciada em 1998, a PAETEC, uma empresa de comunicação B2B, passou a integrar a relação de 1000 empresas da *Fortune* em 2010. Esse crescimento significativo foi alimentado por uma cultura empresarial progressista.

Panasonic. Joseph Taylor é CEO e presidente do conselho da Panasonic Corporation of North America. Ele está transformando a icônica empresa B2C em líder B2B.

Patriarch Partners. Embora poucos a conheçam, a Patriarch Partners é a maior empresa de propriedade de uma mulher da América. Lynn Tilton, fundadora e CEO, criou um novo modelo de negócio com a missão de salvar empregos americanos e ressuscitar a fabricação no país. Na última década, a Patriarch adquiriu mais de 150 empresas e, assim fazendo, salvou 250 mil empregos.

Regus. Mark Dixon é fundador e CEO da Regus, uma provedora de locais de trabalho inovadores e flexíveis a preços a partir de US$25 por mês e é usada por mais de um milhão de pessoas em mais de cem países. Sua filosofia de negócios é que as recessões criam importantes oportunidades de negócio.

Ritz-Carlton. Simon Cooper é o antigo presidente desta empresa que coloca o cliente em primeiro lugar.

Royal Caribbean Cruises Ltd. Richard Fain foi presidente do conselho e CEO por mais de 23 anos e liderou aquilo que a maioria considerava impossível na indústria de cruzeiros – construir os maiores navios do mundo com uma nova arquitetura apresentando carrosséis, paredes para escalar e até pistas de patinação no gelo.

Sodexo Health Care. Patrick Connolly, presidente, criou o modelo de serviços de saúde não clínicos e únicos em hospitais. A Sodexo tem 65 mil funcionários e foi citada como a segunda empresa diversificada na América.

TeleBrands. Aj Khubani, fundador e CEO, criou comerciais de TV para resposta direta e veiculação tarde da noite. "Como foi visto na TV" e "Espere, tem mais" têm vendido milhões de produtos de baixo preço.

UBS Paine Webber. Antigo presidente do conselho e CEO da UBS Paine Webber, Joe Grano fundiu as duas empresas, formando a maior e menos tumultuada combinação do seu tempo. Hoje ele é CEO da Centurion Holdings e produtor do bem-sucedido musical da Broadway *Jersey Boys*.

UPS. Scott Davis tornou-se CEO da UPS em 2007, pouco antes da Grande Recessão. Utilizando estratégias de crescimento, investimentos ousados e uma reestruturação agressiva, a empresa de 400 mil funcionários emergiu da recessão numa posição mais forte de participação de mercado.

Vanguard Group, Inc. Depois de ter sido demitido, John Bogle revisou sua tese da faculdade e criou a Vanguard, um novo modelo de serviços financeiros. A Vanguard é a maior organização de fundos mútuos do mundo, com ativos superiores a US$1,7 trilhão.

Walker & Dunlop Co. Quando Willy Walker entrou como CEO em 2003, a financeira tinha um escritório em Bethesda, Maryland, e não estava classificada entre as grandes geradoras de hipotecas da nação. Em 2010, Willy Walker havia levado a empresa para o 11º lugar em empréstimos imobiliários para imóveis comerciais dos Estados Unidos. Continuando a transformação de uma pequena empresa familiar numa potência nacional, Willy levou a Walker & Dunlop para a Bolsa de Nova York em 2010.

Waste Management. David Steiner é CEO desta grande provedora de redução de resíduos e de serviços ambientais. A Waste Management tem mais de 20 milhões de clientes e 43 mil funcionários, que estão liderando a estratégia da empresa para transformar "resíduos em valor" e, algum dia, eliminar os aterros sanitários.

Xerox. Durante seu mandato como CEO da Xerox de 2001 a 2009, Anne Mulcahy liderou a célebre recuperação da empresa. Ela desistiu de salvar a Xerox para salvar crianças como presidente do conselho da Save the Children.

Zappos. Aos 24 anos, Tony Hsieh vendeu sua primeira empresa, a LinkExchange, à Microsoft por US$265 milhões. Mais tarde, tornou-se investidor e CEO da Zappos, uma pequena empresa de vendas on-line de calçados com vendas de US$1,6 milhão. Através de um revolucionário modelo de atendimento ao cliente, dez anos depois a Zappos tinha vendas superiores a um bilhão de dólares e foi adquirida pela Amazon. Hoje ela é amplamente citada como uma das empresas mais admiradas do mundo.

1
O executivo transformador

O executivo transformador vem em todos os tamanhos, cores, idades, gêneros e etnias. Ele ou ela tem estilo, personalidade, perfil, habilidade diferentes. São as realizações que distinguem o executivo transformador de todos os outros. Ele recupera empresas, cria novas indústrias, revoluciona a maneira de se fazerem negócios, comercializa produtos incríveis, muda a sociedade. O executivo transformador é obcecado com a cultura da empresa, os clientes, inovação e liderança.

O executivo transformador encoraja as pessoas a correr riscos, mas evita imprudências. Ele ou ela incentiva os dissidentes, livres-pensadores, elementos estranhos, desde que eles adotem a cultura vitoriosa da empresa. Ele ou ela corteja, bajula, lidera os colegas, mas não está interessado em vencer concursos de popularidade. O executivo transformador vê oportunidades onde os outros veem fracasso certo. De acordo com Phil Griffin, presidente da MSNBC, o CEO transformador "deve enxergar atrás da esquina". O executivo transformador identifica a onda certa para pegar e leva a organização a surfar até o sucesso. O executivo transformador cria riqueza, contribuintes, doações, segurança de emprego, futuros ilimitados, comunidades agradecidas.

O executivo transformador muda ou cria.

2
Sobre executivos transformadores

Arkadi Kuhlmann (CEO, ING DIRECT): "Nunca na história as questões enfrentadas pelo CEO foram mais intimidantes e desafiadoras do que hoje. Estamos em um mercado global. Podemos estar constante, instantânea e visivelmente em contato com clientes, colegas ou fornecedores em qualquer parte do planeta. Informações, dinheiro, crédito, faturas, pagamentos, dados, propostas, desinformação e boatos fluem sem parar ao redor do mundo cada segundo de cada dia. Essas forças encurtam os ciclos de negócios. Os novos produtos devem chegar mais depressa aos mercados. Mercados ocorrem, evoluem e regridem da noite para o dia. Diante dessas pressões imediatas, o CEO precisa alinhar os investimentos e resultados de curto prazo com as metas de longo prazo.

"O período de serviço de um CEO está cada vez mais curto. O prazo para se construir uma cultura transformadora é mais curto. Contudo, as atividades da empresa, como organismos multiplicadores, continuam se tornando mais entremeadas, mais complexas e mais difíceis para medir e gerenciar.

"Portanto, nossos melhores CEOs irão constituir uma estirpe rara de indivíduos renascentistas: pessoas igualmente à vontade com arte e ciência, literatura e matemática, Paris, Texas e Paris, França, sociedade e negócios. São indivíduos que podem simplificar; que têm uma intuição afinada pela experiência nas ruas; são mentalmente rápidos, ágeis e, acima de tudo, os melhores CEOs são criativos.

"Misturar essas disciplinas quantitativas e qualitativas não é fácil, mas é exigido pela ampla gama de desafios no novo mundo. E a mistura nunca para: a jornada de aprendizado contínuo do CEO na verdade é uma montanha íngreme.

Para os CEOs, existem inúmeras partes interessadas que votam não uma vez, mas todos os dias, de forma implacável e com arrependimento. Elas votam na caixa registradora, na reunião anual na sala do conselho, no escritório do banqueiro, no Linkedin e no Twitter, e em urnas de votos da mídia social ainda não imaginadas. 'Gerenciar numa caixa de vidro' será literalmente verdade.

"Corajoso e talentoso, criativo e eficaz, serão as marcas do CEO transformador, porque ele não tem escolha a não ser mudar o jogo, e para sempre."

David Steiner (CEO, Waste Management): "Estamos nos transformando de um negócio antiquado de transporte de lixo para uma organização determinada a transformar dejetos em valor, eliminando assim depósitos de lixo e aterros sanitários. Quando está passando por uma transformação, você precisa acertar nas grandes coisas. E a maior delas é certificar-se de que você tem os corações e mentes dos funcionários. Queremos salvar o planeta. A esse respeito, nossos funcionários estão muito adiantados. Não precisei conquistar seus corações e mentes, juntei-me a eles."

Larry Culp (CEO, Danaher Corp.): "Os líderes devem se certificar de que a organização não irá ceder quando o assunto é talento. Devem ajudar constantemente a empresa a definir o que é 'grande talento'. Nosso valor central número um é 'A melhor equipe vence'. Acreditamos firmemente que, se tivermos as pessoas certas, alinhadas a respeito de valores, aptidões, competências, o desempenho vem naturalmente. Com boas pessoas os erros em estratégia e execução serão limitados e corrigidos rapidamente quando ocorrerem. Quando uma organização tem talentos em toda parte, os líderes podem elevar os padrões exigidos de forma justa e criteriosa e fazê-lo continuamente para levar a grandes resultados."

Pat McGovern (fundador e presidente do conselho, International Data Group [IDG]: "O CEO transformador está constantemente no mercado, reunindo-se com clientes e clientes em perspectiva. É no mercado que se podem identificar tendências emergentes e necessidades insatisfeitas dos clientes. Se puder satisfazer a necessidade com um preço lucrativo inferior ao valor econômico entregue ao cliente, então você terá o argumento para formar uma unidade de negócios. Para torná-la bem-sucedida, encontre aquela pessoa que gosta muito da ideia, que irá convencer clientes com entusiasmo; e que irá contratar pessoas igualmente motivadas que façam tudo acontecer. Trate esse líder como você gostaria de ser tratado: com confiança e elogios públicos frequentes e visíveis."

Robert L. Johnson (fundador e CEO, Black Entertainment Television, fundador e presidente do conselho, The RLJ Companies): "O CEO transformador cria uma coisa irresistível a ponto de mudar as vidas das pessoas e tornar-se uma marca icônica que se sustenta ao longo do tempo. Isso requer um líder visionário que pode convencer pessoas talentosas a construir uma empresa com cultura baseada em integridade e criação de valor. Construir uma empresa é como criar um filho: há necessidade de alimentar, além de muito amor, inclusive amor severo."

Arunas Chesonis (CEO, PAETEC Corp.): "O CEO transformador não deve ter medo de fracassar. Até mesmo um pouquinho de receio pode desmoralizar colegas, cuja completa confiança na missão é necessária para o sucesso. E os líderes devem ter um credo de 'não avidez'. A equipe precisa sentir que existe uma distribuição justa da riqueza, do valor que ela está ajudando a criar. Agir de outra forma significa perder o apoio de colegas vitais."

Anne Mulcahy (CEO, Xerox [aposentada]): "A principal função do CEO é criar seguidores. Ter uma ótima estratégia e ter um bom plano de execução não bastam para ser um bom líder. O CEO precisa ter capacidade para distribuir seus funcionários, ter credibilidade junto a eles e comunicar-se com clareza. Desenvolver seguidores e formar equipes supercompetentes constituem os aspectos mais importantes da liderança transformadora."

Daniel Lamarre (CEO, Cirque du Soleil): "No caso do Cirque du Soleil, a transformação foi fazer esta organização fabulosamente criativa, que apresentava sete programas 'tradicionais' (tradicionais para o Cirque), se tornar uma empresa de entretenimento globalmente reconhecida com 22 programas em cinco continentes. Nossas lições são: construir sobre os valores fundamentais e sobre os valores que mantêm esta empresa única (que para nós significa uma criatividade alucinante); diversificar o formato e o conteúdo do nosso desempenho; preservar nossa estonteante acrobacia de alto nível, nossa teatralidade e coreografia originais. Tudo apresentado com o toque especial do Cirque du Soleil. É claro que essa transformação precisa ser executada com o completo conhecimento e a cooperação entusiástica de todo o nosso pessoal."

Mark Dixon (CEO, Regus): "O executivo transformador é um surfista. A atividade empresarial é uma experiência de surfe. Pegue grandes ondas. Forme grandes empresas. Cada percurso (eu tive oito) é estimulante, exaustivo e melhor que o anterior. Você precisa de uma alquimia de pessoas talentosas, qualificações, ideias, execução impecável e muito esforço. Crie uma empresa que seja respeitada por seus colegas e clientes. Surfar a onda do sucesso, com oxigênio enchendo os pulmões, é um dos momentos especiais na vida do CEO."

Jim McCann (CEO, 1-800-Flowers): "Todos têm reveses. Os executivos transformadores passam por cima deles mais depressa, recuperam-se mais cedo. Eles aprendem, se adaptam, tiram a poeira e voltam ao trabalho. Os executivos transformadores se concentram em criar uma cultura, um ambiente onde as pessoas têm oportunidades de desempenho e crescimento. Elas querem fazer um bom trabalho. Querem ser parte da mudança bem-sucedida, da transformação constante."

George Halvorson (CEO, Kaiser Permanente): "A cultura vence a estratégia. Todo CEO deve gerenciar com muito cuidado a cultura da organização. A engenharia e o gerenciamento da cultura envolvem a definição de valores e crenças centrais, a fixação de regras e diretrizes básicas, comunicação e estabelecimento de modelos. O CEO deve ser um modelo visível da cultura desejada. O que ele faz e diz transmite a mensagem da cultura. A organização irá entender. Cultura e estratégia devem estar entremeadas. O trabalho do CEO é assegurar que a cultura da organização faça com que o trabalho seja executado da maneira desejada."

John Bogle (fundador e CEO, Vanguard Funds): "Quanto a ser um líder transformador, não tenho nenhuma ideia. É preciso um super-homem para transformar uma organização, coisa que não sou. E comecei a Vanguard de novo em 1974; portanto, nada havia para transformar. Desde cedo, deixei claros meus valores humanos e minhas estratégias de investimento, de uma forma um tanto ditatorial. Esses valores são nossa cultura. Trate as outras pessoas, da mais graduada à mais humilde, com o mesmo respeito com o qual você gostaria de ser tratado; aja com integridade, não apenas nas palavras, mas nos atos; trabalhe duro; seja frugal, evite desperdícios e gaste somente com aquilo de que você precisa. Nossa pequena equipe, 28 pessoas no início, parecia acreditar nos mesmos valores. Até hoje transmitimos esses valores a todos que se juntaram a nós, hoje 13 mil ótimas pessoas."

Maxine Clark (fundadora e CEO, Build-A-Bear Workshop): "Se a imaginação faz parte da transformação, então nós transformamos a maneira pela qual são vendidos os brinquedos de pelúcia. Mas é basicamente a imaginação dos nossos clientes que conduz nosso negócio. É preciso permanecer em contato com o cliente; por mais que você se pareça com ele, você não é seu cliente. É preciso manter seu mundo aberto para estar constantemente em contato próximo com seus clientes para saber o que eles estão pensando."

Bill Roedy (fundador e CEO, MTV International): "Aquilo que sinto sobre o papel do CEO, de liderança, foi moldado pelos meus anos em West Point e depois no Vietnã. Um princípio de liderança é 'primeiro no campo de batalha, último a sair'. Quando estamos construindo um empreendimento internacional, há uma crise em algum lugar a cada dia. Você precisa estar com seus subordinados diretos para ajudar. E mantenha os pés no chão. Esteja presente. Conheça as culturas dos seus mercados. Minha filosofia prioritária para a construção de marcas e empresas globais é 'respeitar e refletir as culturas locais'."

3
Como recuperar uma empresa

As recuperações de empresas são necessárias porque aquilo que funcionava não funciona mais. Elas não são fáceis; nove em cada dez tentativas de recuperação fracassam. Veja aqui como recuperar com sucesso uma empresa moribunda e cambaleante.

1. **Tenha uma *visão* daquilo que poderá ser a nova empresa, de para onde ela poderá ir e, mais importante, de como chegar lá.** A visão não precisa ser uma concepção mística do futuro. É suficiente uma declaração de missão. Durante a Segunda Guerra Mundial, Winston Churchill, primeiro-ministro da Inglaterra, disse aos seus bravos pilotos da RAF: "Bombardeiem as pontes e voltem de madrugada em segurança." Certifique-se de que todos entendam o plano.

Peter Cuneo (CEO, Marvel Entertainment): "Em um ambiente incerto, as pessoas procuram liderança naturalmente. Elas estão em busca de uma visão. Se você for honesto com elas e agir de forma consistente com aquilo que diz, a organização começará a acreditar."

Jim Skinner (CEO, McDonald's): "Se você tem uma visão e um bom conceito do negócio, então pode gerar estratégias e um plano de ação."

Lynn Tilton (CEO, Patriarch Partners): "Reconstruir uma empresa destruída requer uma equipe de pessoas com alinhamento de visão, paixão, perseverança e coragem de convicção; disposição para caminhar no escuro, pé ante pé, até ver a luz."

John Paul DeJoria (fundador e CEO, Paul Mitchell Systems; fundador, Patrón Spirits): "Nossa visão era de oferecer salões de cabeleireiro com os produtos mais finos e exclusivos que elas iriam usar todos os dias."

2. **Consiga a *cultura* certa.** Crie uma atmosfera vitoriosa. Deixe perfeitamente claro o significado de bom desempenho. Livre-se da mediocridade. Livre-se dos poetas constantes do apocalipse. Certifique-se de que todos compreendem a ética da empresa.

Peter Cuneo: "Quando se está gerenciando uma recuperação, a palavra 'média' é inaceitável. Você precisa mudar a cultura de aceitar e viver com a 'média' e 'suficientemente bom' para uma cultura pela qual a excelência é o novo ponto de referência."

Jim Skinner: "O líder deve mudar a cultura, a atitude mental dos funcionários, para que eles deixem de viver com o *status quo* e passem a celebrar o sucesso. Na McDonald's nossa cultura está ligada ao compromisso com a execução, as oportunidades e o crescimento."

Lynn Tilton: "Quando compramos a MD Helicopters, ela já estava fechada havia três anos, o suporte aos clientes não existia e a empresa estava atolada em problemas sérios. A MD foi uma criação de Howard Hughes. Ele incorporava o 'espírito do rebelde sem causa', nadando contra a corrente, lutando com aqueles que queriam acabar com sua empresa. No fundo, essa ainda é a cultura da MD. Reacendemos a energia, ressuscitamos os bons produtos da empresa e superamos rapidamente o problema do suporte aos clientes. Hoje o legado de Howard Hughes está maravilhosamente vivo e irá viver por muito tempo."

Doug Conant (CEO, Campbell Soup Company): "Quando cheguei, a Campbell estava em péssima forma. A empresa havia perdido em um ano a metade do valor de mercado. Acionistas e funcionários estavam profundamente preocupados. As vendas estavam em queda e o moral estava terrível. Como diria um dos meus mentores, 'fomos apanhados em um círculo de perdição'... prometendo de mais e entregando de menos. Era uma cultura tóxica. Fui contratado para reconstruir a cultura que havia tornado a Campbell Soup uma empresa icônica por 125 anos."

3. **Consiga as pessoas *certas*.** O executivo transformador é como o treinador de uma equipe esportiva profissional: sempre em busca dos melhores atletas; colocando os jogadores nas posições certas; certificando-se de que cada jogador sabe o que fazer para vencer. O executivo transformador sabe a cultura que deseja e contrata e demite no contexto dessa cultura. Se o CEO comete um erro de contratação, ele admite o erro e o corrige.

Peter Cuneo: "Para ter sucesso é preciso convencer os outros a se unir a você e mudar a cultura da empresa para uma que reforce suas metas. É importante contratar as pessoas certas. Numa recuperação, 90% do esforço está em manter as pessoas motivadas."

Jim Skinner: "É crítico contar com as pessoas certas nos lugares certos e no momento certo. *Se você é a pessoa mais inteligente da sala, então não está recebendo os melhores conselhos.* E consiga diversidade. Se todos são como você e têm a sua opinião, você não está recebendo os melhores conselhos. É imperativo que os líderes escutem todos."

Lynn Tilton: "Através dos meus erros e dos erros daqueles à minha volta, aprendi quais são os fatores necessários à recuperação de uma empresa em agonia. A coisa mais importante é o talento da equipe gerencial e o impulso que ela cria para sair do abismo."

Doug Conant: "Estava claro, por uma série de razões, que a equipe gerencial existente não estava fazendo seu trabalho. Estabeleci um padrão simples de desempenho: os líderes seriam avaliados por aquilo que realizassem e pelo modo como tratassem as pessoas com quem trabalhavam. Havia 350 pessoas na equipe global de liderança. No final, trezentas não satisfizeram as expectativas. Promovemos 150 pessoas com alto caráter, alto desempenho e muito respeitadas de dentro da própria organização e recrutamos 150 líderes com ideias semelhantes de outras grandes empresas de fora da organização. Na época, havia um total de 20 mil pessoas na empresa e, de forma lenta mas segura, elas entenderam o que queríamos dizer e começaram a acreditar na nossa capacidade coletiva para realizar a recuperação."

4. **Nunca se esqueça do *cliente*.** Recuperações são cheias de problemas, muitos dos quais exigem atenção urgente. É fácil permitir que o urgente desvie nossa atenção do importante. *O fator isolado mais importante para o sucesso nos negócios é ter um cliente lucrativo.* O CEO transformador nunca deixa que a organização desvie seus olhos do cliente.

Peter Cuneo: "O sucesso nos negócios é determinado pelos consumidores, pelos clientes que pagam pelo seu produto ou serviço porque eles estão permanente e emocionalmente ligados às suas marcas."

Jim Skinner: "Nós não venderíamos bilhões de hambúrgueres por ano se não tivéssemos milhões de clientes fantásticos."

Lynn Tilton: "Toda estratégia de negócios começa com os clientes. Quanto mais perto você puder chegar dos clientes, melhor será o desempenho da sua empresa, porque você irá compreender como eles pensam, do que necessitam e o que querem."

Doug Conant: "Existem dois grupos principais que precisam ser focalizados na recuperação de uma empresa de produtos de consumo: os consumidores dos produtos da empresa e os funcionários. A gerência anterior, sob enorme pressão pelos custos e para dar lucro, havia comprometido alguns dos produtos reduzindo ingredientes básicos e, ao mesmo tempo, elevando os preços. Como era de esperar, as vendas começaram a cair. À medida que caíam, os orçamentos de publicidade e promoções foram cortados para atender as metas de lucros de curto prazo. Sem apoio suficiente de propaganda e promoções, as vendas continuaram a cair e as relações comerciais com nossos parceiros no varejo ficaram tensas. Com o aumento das tensões comerciais as vendas caíram ainda mais, o crescimento dos lucros ficou ainda mais ameaçado e a empresa foi pressionada a recorrer a demissões diante da base de vendas menor. Porém, as demissões também limitaram a capacidade da empresa para achar novas avenidas de crescimento, o que elevou a pressão sobre seu perfil de crescimento. A primeira coisa que fiz foi falar franca e honestamente com todos os interessados. Então definimos um Plano de Transformação de três anos para tornar a empresa novamente competitiva – conseguindo as lideranças certas, estabelecendo padrões e disciplinas corretos, melhorando a qualidade dos produtos, recolocando os níveis de propaganda e promoções em padrões competitivos, simplificando o portfólio de produtos e melhorando a vida profissional dos nossos funcionários."

5. **Redija um plano de ação de uma página que qualquer criança de 10 anos possa entender.** Um plano de recuperação ou qualquer um de negócios ou de marketing que caiba no bolso da camisa é executado. Os repletos de clichês e jargões do negócio e lindamente encadernados são exercícios de futilidade. Um de ação não deve ter nenhuma nuança. Se alguma coisa está aberta a interpretações, ela sempre será vista de uma maneira diferente daquela pretendida. O plano de ação deve galvanizar, dirigir, informar e motivar todos os membros da organização.

Peter Cuneo: "Nosso plano era simples de entender, mas muito mais difícil de executar. Tivemos de mudar radicalmente a maneira pela qual a Marvel tinha sido dirigida.

Os elementos-chave da transformação incluíam:

- Aliciar novamente os leitores de revistas em quadrinhos melhorando enormemente a qualidade de nossos esforços na criação e ilustração das histórias.
- Relançar O Homem Aranha, O Incrível Hulk, Homem de Ferro e outros dos nossos 7 mil personagens para uma audiência global através de filmes com altos orçamentos.
- Adotar uma visão frugal de todas as operações da empresa para conservar dinheiro.
- Criar um modelo de negócio de licenciamento que não exigisse contribuições financeiras da Marvel.
- Tornar divertida a ida para o trabalho todos os dias."

Jim Skinner: "O segredo para nossa recuperação foi eliminar os fatores de dispersão de atenção. Nosso plano poderia ter sido intitulado 'De volta ao básico'. O plano era o seguinte:

- Vender o Chipotle, juntamente com outros restaurantes e empresas que não fossem McDonald's.
- Redirecionar todo talento e energia para a marca e o negócio McDonald's.
- Ampliar nossa atenção e energia para nossas relações com nossos ótimos franqueados.
- Servir pratos deliciosos quando nossos clientes querem.

Para nos manter nos trilhos, sempre que surgia uma ideia que poderia desviar nosso foco, mesmo que fosse um pouco, eu perguntava: 'Como isso ajuda o negócio de hambúrgueres? O que, é claro, era uma metáfora para: 'Como isso ajuda o McDonald's?' A volta ao básico resultou em nove anos consecutivos de crescimento das vendas."

Lynn Tilton: "Este era nosso plano para recuperar a MD Helicopters:

- Começar a ressuscitar a missão 'rebelde sem causa' de Howard Hughes.
- Começar a vender. A MD produz o helicóptero mais rápido e silencioso do mundo. Os clientes o adoram e vendem suas qualidades.
- Reconstruir a reputação através do desempenho.
- Melhorar drasticamente o suporte ao cliente, inclusive a entrega dentro do prazo de peças que funcionam.

Passamos de zero vendas para mais de US$200 milhões e tivemos lucro. Hoje ninguém pergunta se a MD está aí para ficar."

Doug Conant: "Creio firmemente que os primeiros a serem conquistados são as pessoas que executam todo o trabalho. Você deve fazer aquilo que promete. Deve valorizar alguém como pessoa, não como um nome no organograma. E deve dar ao cliente aquilo que ele quer. E se não falar com ele, você não venderá.

"Essas ideias foram a base para a recuperação da Campbell Soup.

- Primeiro dia no cargo: prometer valorizar os funcionários e que eles deverão nos julgar em relação a esse princípio.
- Arrumar as instalações. Fazer com que as pessoas se orgulhem de trabalhar na Campbell Soup."

Doug Conant: "A empresa está sediada em Camden, New Jersey... uma das cidades mais pobres e perigosas dos Estados Unidos. Numa cidade com cerca de 78 mil habitantes, há de trinta a quarenta assassinatos por ano. Com o passar do tempo, nossa Sede Mundial em Camden havia se tornado uma fortaleza para que nossos funcionários se sentissem seguros. Ela se parecia com uma prisão de segurança mínima. Em consequência, estava repleta de cercas altas com arame farpado e torres de vigia. Na minha opinião, precisávamos mudar as instalações para mostrar que estávamos seriamente comprometidos com a mudança da cultura. Substituímos as cercas altas e o arame farpado por atraentes cercas baixas. Repintamos as instalações e plantamos verduras onde era possível. Profissionalizamos o pessoal da segurança e mudamos os procedimentos. Em resumo, fizemos melhoramentos em toda a área com instalações modernas e amenidades de primeira classe.

- Aperfeiçoamos a cultura com novas lideranças que trouxeram uma atitude vitoriosa ao trabalho de todo dia e não toleramos abusos, injustiças ou discriminação de qualquer tipo no trabalho. Focalizamos a valorização das pessoas em nossa organização, com a intenção de convencê-las a valorizar nossa agenda como empresa.

- Aperfeiçoamos os produtos para que fossem os melhores da sua classe.
- Reinvestimos em propaganda e promoções para reconstruir o patrimônio da nossa marca junto aos consumidores.
- Aceleramos as inovações para melhor atender às necessidades do consumidor.
- Monitoramos com atenção o engajamento dos funcionários com uma pesquisa independente, reconhecendo que ele era o fator crítico de sucesso para o planejamento de uma recuperação eficaz. Com o passar do tempo, o engajamento dos funcionários, que estava entre os piores de grandes empresas, na Fortune 500, passou para os melhores, com 17 pessoas altamente engajadas para cada uma que não está. Entre nossos 350 líderes globais, a proporção é de setenta para um."

As recuperações bem-sucedidas têm certas coisas em comum: missões ousadas, planos simples, cultura bem definida, bons talentos e execução diligente. As mesmas regras se aplicam à transformação de uma marca, uma fábrica, uma equipe, uma unidade de negócios.

Jogue segundo essas regras.

4
Proteja ou mude a cultura da empresa

Definir "cultura corporativa" é como definir uma obra de arte ou música country. Um filósofo esquecido disse certa vez: "Se soa como country, então é country." Por sua profunda capacidade de observação, o mundo lhe será eternamente grato. Ou, quando o assunto é obras de arte, pode-se recorrer a Potter Stewart, juiz da Suprema Corte, que proclamou de forma esclarecedora: "Conheço arte, e isto não é."

Há inúmeros artigos acadêmicos tentando caracterizar e captar a noção de "cultura corporativa". Talvez o trabalho definitivo seja "Organizational Character as a Methodological Tool", do dr. Larry Senn, publicado em 1969.

Cultura corporativa é a personalidade de uma empresa.

Não existe cultura corporativa certa ou errada, nem boa ou má. Existem somente culturas corporativas vitoriosas e perdedoras.

Tony Hsieh (CEO, Zappos): "Para qualquer empresa, o tipo de cultura adotado na realidade não importa.

O que importa é que seja uma cultura forte e consistente em toda a empresa."

Se a empresa é bem-sucedida já há algum tempo, então o CEO deve promover a cultura, a personalidade da empresa. Se a empresa está com problemas já há muito tempo, então o novo executivo transformador, de fora ou de dentro da empresa, deve elaborar imediatamente um plano para implementar uma cultura vitoriosa.

O primeiro passo na transformação da cultura de uma empresa é o CEO obter uma autorização de mudança do Conselho de Administração, dos proprietários, dos líderes ou de quem esteja dirigindo o espetáculo.

O segundo passo para o CEO recrutado fora da empresa é passar os primeiros cem dias

- Olhando todos os cantos da empresa.
- Conhecendo e ouvindo o máximo número possível de funcionários, em todos os níveis, e em especial as pessoas que produzem e vendem coisas.
- Conhecer todos os clientes importantes.
- Conhecer todos os fornecedores críticos.
- Perguntar a todos: "O que você mudaria se fosse eu?"
- Ouvir, revisar, pensar.

O segundo passo para o CEO promovido internamente é respirar fundo e se preparar para se tornar ainda mais realista dos pontos de vista mental e emocional; e começar a preparar sua lista de três a oito "grandes mudanças" a serem feitas. Essa lista poderá incluir a aposentadoria de certo número de executivos. O CEO de dentro conhece os desafios, os participantes fracos, sabe o que deve ser feito, mas deve agir como se viesse de fora e não tivesse escrúpulos a respeito de fazer mudanças.

O terceiro passo para o executivo transformador vindo de fora ou de dentro é elaborar um quadro da nova cultura, da nova maneira de se fazerem as coisas, o caminho para o sucesso, uma clara definição quantitativa de desempenho e de como o desempenho será medido e remunerado.

O quarto passo é começar a medir.

5
Ponha a cultura em primeiro lugar e para sempre

Nos negócios existem três fatores de sustentação: cultura vitoriosa, marketing e inovação. E é só. Três fatores. Marketing é a identificação, atração, conquista e manutenção de bons clientes. Inovação é criar novos produtos, novas ideias, novas maneiras, novos processos, tudo novo.

Ter um cliente lucrativo é o fator mais importante para o sucesso da empresa. Sem clientes, não há empresa. Sem dinheiro, nada de missão. Sem pesos, não há propósito. Mas é a cultura corporativa que atrai, filtra e retém o tipo de pessoa que conquista e mantém os clientes desejados pela empresa. É a cultura que seduz os melhores, os mais brilhantes, os mais famintos, os mais inovadores.

É possível que boas pessoas não se encaixem numa boa cultura empresarial. Tudo bem. Nem todo bom soldado quer ser um fuzileiro naval dos EUA. Nem todo bom profissional de marketing quer trabalhar na Procter & Gamble. Nem todo conservador graduado em MBA pode florescer numa empresa conservadora.

A cultura da empresa não é um sistema imune: ela trabalha para proteger a organização de intrusos. Um sistema imunológico saudável é crucial para a existência de qualquer organização.

Bernie Marcus (fundador e CEO, Home Depot): "Tive um chefe que era o maior FDP que já existiu. Ele se orgulhava de ser mau e durão. Ele era um valentão. Queria que as pessoas o temessem. Ele me contou que quando demitia pessoas queria feri-las financeira, emocional e até mesmo fisicamente. Aquele sujeito ensinou-me o que um CEO nunca deve ser. Eu sabia que iria construir uma empresa a partir do zero com valores exatamente opostos aos do meu antigo chefe.

"Eu queria que a Home Depot tivesse uma nova espécie de cultura de varejo, uma cultura transformadora. Desenvolvi uma cultura baseada em atendimento maravilhoso ao cliente. Eu queria que cada funcionário soubesse que trabalhava com Arthur Blank, meu sócio, e comigo, e *não para nós*. Nós não nos limitávamos a falar a respeito de sermos uma equipe de verdade, provávamos isso. Ao contrário de outros fundadores, proprietários, CEOs, Arthur e eu não recebíamos opções de ações. Tínhamos ações suficientes para ser ricos. Criamos 4 mil milionários, muitos dos quais formados somente no ensino médio.

"E queríamos ter uma cultura que ajudasse as comunidades onde vivem nossos clientes e funcionários. Nossas comunidades sabem que, se houver um problema em que podemos ajudar, ajudaremos. A Home Depot não abusa de clientes em busca de madeira compensada antes ou depois de um furacão. Ajudamos a fechar as janelas dos nossos vizinhos com tábuas. A cultura vitoriosa, prestativa e participativa que construímos desde o início, em 1979, está viva e é apreciada hoje."

Tony Hsieh (CEO, Zappos): "Muitas empresas têm valores essenciais, mas eles geralmente acabam como cartazes na parede que ninguém olha. A Zappos tem dez valores essenciais e nos certificamos de que todos na empresa os tenham e os vivenciem."

Jim McCann (CEO, 1-800-Flowers): "É difícil manter sua cultura à medida que você cresce. Sempre que um novo funcionário entra na empresa ou que você adiciona uma nova divisão, a cultura é afetada, influenciada, mesmo que seja pouco. Meu trabalho é ser nosso 'engenheiro cultural'. Estou sempre pensando que coisas devemos comemorar, premiar ou simplesmente não tolerar. E que tipo de exemplo estou dando? Qual deveria dar?"

Em empresas vitoriosas, pode-se cortar a cultura com uma faca. Todo jovem de 16 anos sabe que o seu departamento de veículos a motor o trata de forma diferente daquela do Starbucks local. Há uma diferença cultural entre as pessoas que trabalham para a Receita Federal e aquelas que trabalham para os Médicos sem Fronteiras.

Uma cultura forte é uma estratégia competitiva de negócios.

A Beekley Corp. inova, fabrica e vende produtos que são usados para melhorar os diagnósticos dos radiologistas. Ela tem, dos seus clientes, pontuações mais positivas do que qualquer um dos seus concorrentes. Mas seu trabalho de vendas é duro. Os concorrentes oferecem produtos "quase tão bons" ou "suficientemente bons" a preços de 30% a 80% mais baixos que os da Beekley. Os clientes da Beekley estão em serviços de saúde, uma indústria pressionada para reduzir seus preços que, por sua vez, repassa essa pressão aos fornecedores. A Beekley vende seus produtos por telefone. Seus "teleprofessores" são motivados, bem treinados e bem remunerados, mas vender por telefone pode ser difícil.

Esses desafios constituem o fundamento lógico para uma das mais exclusivas, na verdade incomparáveis, culturas corporativas já vistas.

> **Ayn LaPlant (CEO, Beekley Corp.):** "A Beekley criou o negócio de marcadores de pele para ajudar os radiologistas a ler melhor mamografias e raios X. No início, nossa concorrência era de marcadores improvisados. Por exemplo, um técnico em raios X podia colar uma pílula de vitamina E com fita adesiva no paciente. Aos olhos dos clientes, os marcadores improvisados, uma pílula e fita praticamente não custam nada. Assim, desde o primeiro dia a Beekley era uma empresa missionária e também uma vendedora de valor. Missionários enfrentam rejeição. Estabelecemos uma cultura para reduzir a rejeição e contratar pessoas de alto desempenho."

Ayn LaPlant: "Nossa cultura tem muitas características. Temos valores essenciais, e cada pessoa na empresa pode citá-los de memória, além de obedecer a eles. Focalizamos constantemente crescimento e inovação. Nossa nova sede é chamada de 'Beekley Growth and Innovation Center'. Todos os dias, todos os nossos associados passam debaixo desse nome. Somos uma cultura de aprendizado. Temos uma psicologia de realização. Temos um ambiente de altas expectativas e alto desempenho. Nossos associados investem até 15% do seu tempo de trabalho em programas de treinamento e aprendizado; esses programas estão alinhados com necessidades de qualificação, de experiência, funções no trabalho de outras pessoas e assim por diante.

"Somos bons em símbolos. Por exemplo, um valor essencial é ARC: Atitude, Resultados, Aperfeiçoamento Contínuo. Assim falamos a respeito de 'entrar no ARC'. Oferecemos 'botes salva-vidas' a associados com problemas. Criamos 'pegadas' que encorajam os associados a ir até onde ninguém foi antes. Temos muitos eventos divertidos. Comemorações. Soar de sinos. Prêmios. Rifas. Bingo. De vez em quando alugamos um ônibus, o ARC, e os vencedores 'embarcam no ARC' e vão até um evento comemorativo."

Ayn LaPlant: "Nossa missão é salvar vidas melhorando diagnósticos. Nossos clientes diretos são instituições médicas e acreditamos totalmente em 'Atendimento de Classe Mundial ao Cliente'. Estamos constantemente dialogando com nossos clientes. Atendimento de Classe Mundial ao Cliente significa, em parte, prever suas necessidades e exceder suas expectativas. Em vez das designações tradicionais de departamentos como marketing, fabricação, finanças, temos uma 'Equipe de Atendimento ao Cliente', uma 'Equipe de Aprimoramento do Cliente', uma 'Equipe para Surpreender o Cliente'."

A cultura trata das pessoas e da maneira pela qual elas interagem umas com as outras e com os clientes. Consiga a cultura certa e você sempre irá contratar as pessoas certas, que sempre irão agir da maneira certa.

O executivo transformador é o guardião da cultura e seu cultivador.

6
Contrate de acordo com a sua cultura

Cada organização tem uma vibração diferente, um ritmo diferente, um modo de se mover diferente. Empresas são como tribos, com linguagens próprias, faladas ou não, suas maneiras de caçar e cultivar, seus tabus, pedigrees e legados. As empresas sobreviventes não permitem que você entre ou permaneça caso coloque em risco suas maneiras de fazer as coisas. As empresas vitoriosas procuram novos membros que acrescentem força, vitalidade e cérebros. As empresas vitoriosas protegem suas culturas de doenças, mas sabem que modos de pensar antigos e datados, tradicionais e não questionados, sabedoria convencional não verificada, são itens perigosos.

O CEO é o guardião da cultura da organização. Ele garante que as pessoas contratadas irão reavivar a cultura para que ela resista. O CEO deve deixar claro que, a despeito do talento, a pessoa que atuar contra a cultura deixará a empresa.

A Sodexo Health Care cuida dos pacientes e seus clientes. Prestar serviços, melhorar a qualidade de vida, é o objetivo da Sodexo. A empresa resumiu seu objetivo na sigla CARES.

C para compaixão

A para administração responsável [*accountability*]

R para respeito

E para entusiasmo

S para serviço

Pat Connolly (presidente, Sodexo Health Care): "Nós nos importamos de verdade. Fazemos contratações de acordo com o CARES. Será que a pessoa satisfaz nossos requisitos do CARES? Treinamos de acordo com o CARES. Remuneramos de acordo com o CARES."

John Paul DeJoria (fundador e CEO, Paul Mitchell Systems); fundador, Patrón Spirits): "Nossa cultura envolve amar nosso pessoal, nossa indústria e aquilo que fazemos. Só contratamos pessoas com essa atitude. Se em três meses a pessoa recém-contratada descobrir que não ama o emprego ou nós não sentirmos o amor, então ela sai. Nós lhe damos uma boa recomendação, pois a culpa não é dela. Simplesmente não éramos certos para ela. É preciso amar o emprego. E muitas pessoas amam. Na John Paul Mitchell Systems, ao longo de mais de 30 anos, nossa rotatividade de empregados foi inferior a trinta pessoas."

Robert L. Johnson (fundador e CEO, BET; fundador e presidente do conselho, The RLJ Companies): "Nossa cultura se baseia em ética, criação de valor e inovação. A cultura é fundamental. As pessoas precisam saber como ela funciona, o que está certo, é bom e o que não é feito nem tolerado nesta empresa. Se alguém viola a cultura, torna-se uma ameaça a ela e deve sair, mesmo que seja o mais brilhante dos superastros. O CEO deve manter a cultura viva e saudável. Se a cultura se quebra, se começam batalhas territoriais, então a inovação é interrompida. É o começo do fim. Boas empresas têm boas culturas. Você deve contratar pessoas que irão aceitar sua cultura e passarão a crer nela."

Tony Hsieh (CEO, Zappos): "Nossa cultura é nossa prioridade número um como empresa. Acreditamos que, se tivermos a cultura certa, então nossos funcionários agirão da forma certa e irão criar boas experiências para nossos clientes. Contratamos de acordo com nossa cultura. Fazemos uma série de entrevistas para determinar se a pessoa tem aquilo de que necessitamos. A seguir fazemos uma série separada de entrevistas, puramente para checar a adequação à cultura. Ela tem de passar pelas duas para ser contratada. Nós nos certificamos de que a pessoa tem os valores culturais essenciais que esperamos. Por exemplo, um dos nossos valores é ser humilde. Se a pessoa é realmente egoísta, mesmo que ela seja muito talentosa e saibamos que poderia fazer muito por nossos lucros, nós não a contratamos porque ela não se encaixa na cultura."

Maxine Clark (fundador e CEO, Build-A-Bear Workshop):
"Temos dois grupos de funcionários, em tempo integral e em tempo parcial. Contratamos e treinamos de acordo com nossa imagem de marca, nossa cultura. Consequentemente, dos nossos funcionários em tempo integral, retemos mais de 90%. Entre os funcionários em tempo parcial, nossa taxa de retenção é duas vezes maior que a média nacional. O interessante é que contratamos adolescentes e avós, que trabalham lado a lado. Essas duas faixas etárias se encaixam na nossa imagem de marca. Contratamos pessoas que se importam. Nós as treinamos em como tratar o cliente. E deixamos que elas cuidem do cliente."

Shelly Lazarus (presidente do conselho, Ogilvy & Mather):
"Temos um conjunto de valores, um conjunto de princípios e regras sobre como devemos nos tratar uns aos outros. E todos na O&M conhecem nossa missão, que é criar propaganda que construa marcas, porque boas marcas aumentam as vendas dos clientes. Nossa marca é conhecida por construir marcas. Como exigia David Ogilvy, nosso fundador, somos focados em nossos clientes e nos clientes deles. David dizia a todos constantemente que sem clientes não estaríamos no negócio. Respeitamos nossos clientes. Nós nos respeitamos uns aos outros. Temos ótimas pessoas. Somos uma boa empresa. David costumava dizer que 'a Ogilvy & Mather é uma empresa de senhoras e senhores com cérebros'. Temos grande respeito pelo cliente de nossos clientes, o consumidor.

David tinha uma frase famosa: 'A consumidora não é uma idiota; ela é sua esposa.' É claro que atualizamos a frase, acrescentando 'ou ele é seu marido', 'ou seu sócio', 'ou sua cara-metade'. Todos na O&M amam os clientes dos nossos clientes. Esses princípios dizem muito a respeito do tipo de empresa que somos e a respeito do tipo de pessoa que contratamos e do tipo de pessoa que prospera aqui."

Contrate de acordo com sua cultura. Ela é o sistema imunológico da sua empresa. Contratar de acordo com sua cultura reduz a chance de infecção.

7
Desempenho durante a transformação

É mais difícil transformar uma empresa bem-sucedida do que curar uma empresa doente. Numa empresa doente todos sabem que há problemas. Todos sabem que alguma coisa deve mudar, seja ela boa ou má. Numa empresa bem-sucedida as pessoas estão gozando os frutos do seu trabalho. Elas não querem que os bons tempos acabem e não querem ouvir que algumas coisas têm de mudar.

O maior problema nos negócios é que o ambiente, o mercado, a tecnologia e os concorrentes mudam, mas as empresas não. Os dirigentes que não estão sempre supervisionando o ambiente do seu negócio irão sentir falta do *sucker punch*. Os dirigentes que veem as hordas de bárbaros galopando para suas portas e escondem a cabeça como avestruzes ou dançam até a madrugada deveriam ser presos por negligência gerencial.

Quando o ambiente começa a mudar, e essa mudança põe em risco o modelo de negócio bem-sucedido, o executivo transformador entra em ação. Ele reúne a equipe, explica a necessidade de repensar, faz com que todos sigam as mesmas regras e dá o tiro de largada.

Scott Davis tornou-se CEO da UPS no início de uma recessão global. Houve um colapso no setor de habitações residenciais, imprevisto e sem precedentes, um caos financeiro no setor bancário e crises monetária e de endividamento na Europa. A redução do ritmo econômico afetou mercados no mundo inteiro, onde atua a UPS.

Scott Davis: "A transformação é um imperativo estratégico. É função do CEO gerenciar a transformação, acelerando-a se necessário. Isso significa eliminar qualquer resistência às mudanças na organização. Significa romper o *status quo*. O CEO deve comunicar sua visão e manter todos a bordo."

Scott Davis: "Tive sorte porque a UPS sempre foi uma empresa visionária, de olhos no futuro, e pelo fato de termos mais de cem anos tivemos antes desafios transformacionais. Na verdade, nossa estratégia adota a transformação. Ela é simples e direta: 'Criar valor, transformar e investir para crescer.' Durante a recessão global e durante a lenta recuperação, nós, isto é, os mais de 400 mil funcionários da UPS em todo o mundo, desenvolvemos e implantamos o seguinte plano de transformação:

- A explosão das vendas on-line significava que precisávamos segmentar melhor e redefinir nossos clientes. Aumentou drasticamente a necessidade de prover embarques livres de erros, rápidos e simples para residências, em vez de empresas. Investimos fortemente para criar e lançar o inovador sistema UPS My Choice [Minha Escolha], que dá aos consumidores controle eletrônico sobre o horário das entregas em suas residências. Em três semanas, mais de 500 mil consumidores se inscreveram.

- Tomamos decisões difíceis de corte de custos. Simplificamos alguns negócios, mas não efetuamos cortes na nossa competência essencial de prover soluções logísticas superiores.
- Continuamos a investir mais de um bilhão de dólares por ano em tecnologia, telemática, análises e tecnologia de fluxo de pacotes. Qualquer coisa que ajudasse nossos clientes.
- Consolidamos nossas operações com pequenos pacotes e transferimos a responsabilidade por lucros e perdas e recursos de marketing e vendas para os escritórios locais, que estão mais perto dos clientes.
- Reforçamos nossos investimentos para atender aos requisitos regulatórios especiais da indústria mundial de serviços de saúde.
- Para podermos melhor servir nossos clientes, que também enfrentam a recessão, elevamos nosso investimento no Worldport, nossa central de transporte aéreo. E abrimos um novo centro asiático em Shenzhen."

Scott Davis: "Construímos uma empresa mais forte durante tempos difíceis e incertos. A UPS está bem posicionada para qualquer evento futuro."

Desempenho. Transformação.

(Nota: Os autores foram apresentados ao conceito de "desempenho durante a transformação" por Ron Frank, sócio gerente de consultoria interna da IBM Global Services. Esse conceito se originou de um estudo original intitulado "Conseguir Bom Desempenho Através da Transformação Contínua", escrito por Jim Dolan, Jim Bramante e Ron Frank em setembro de 2009.)

8

Ter um propósito mais elevado

Os franceses têm uma expressão ótima, "*raison d'être*", que significa "razão de ser". Razão de ser, propósito, missão. Muitas grandes empresas foram estabelecidas para alcançar um propósito mais elevado do que simplesmente ganhar dinheiro. Quando elas têm sucesso, em geral o dinheiro o segue. Muito dinheiro. Cada bom produto e cada boa empresa satisfazem a necessidade de um cliente. Não há nada de errado com qualquer empresa ética que satisfaz qualquer necessidade. O fato de algumas empresas e seus líderes transformadores optarem por satisfazer necessidades impopulares ou aparentemente não lucrativas ou socialmente negligenciadas é uma demonstração de boa cidadania, é bom para os clientes e acionistas, e é bom para o capitalismo.

Arkadi Kuhlmann ficou consternado com a maneira pela qual o consumidor norte-americano estava abandonando os hábitos de poupança e gastando de forma imprudente. Ele analisou os 9.600 bancos dos Estados Unidos. Para Arkadi, o incessante marketing de crédito, empréstimos e cartões de crédito enganava o consumidor e era perigoso.

Arkadi Kuhlmann (CEO, ING DIRECT): Cartões de crédito são o ópio do consumismo. A essência da minha ideia era fazer com que os norte-americanos voltassem a poupar seu dinheiro em vez de gastá-lo. Há bancos em todas as esquinas. Isso significa muito dinheiro investido em aluguel, impostos sobre imóveis, gente. Pensei em ajudá-los a poupar mais, devolvendo a eles uma parte do seu dinheiro. Com uma instituição de poupança on-line poderíamos devolver uma parte dos custos das agências aos nossos clientes. Sem agências não há imóveis, nem caixas, nem estacionamentos e ficamos abertos 24 horas. Acredito realmente que temos um propósito mais alto que o bancário. Estaremos salvando os Estados Unidos se fizermos os americanos poupar."

Apesar dos onerosos regulamentos sobre serviços bancários, Arkadi Kuhlmann iniciou o ING DIRECT que, em 10 anos, tornou-se a maior instituição de poupança dos EUA com mais de US$90 bilhões em ativos.

Lynn Tilton é CEO da maior empresa americana de propriedade de mulheres. Sua empresa foi fundada com o objetivo de salvar a manufatura dos EUA. A empresa, a Patriarch Partners, investiu em mais de 150 empresas manufatureiras do país, quase todas com sérios problemas. Lynn Tilton diz que sua empresa usa uma "confluência de dinheiro e criatividade para recuperar e reconstruir empresas agonizantes".

Lynn Tilton: "Os Estados Unidos foram construídos com base na tese de pessoas se unindo lado a lado para construir indústrias, para construir empresas que criam valor através da produção de bens e serviços. Em algum ponto do caminho nosso país se perdeu quando esqueceu esse princípio básico. Podemos colocar ativos ociosos e pessoas ociosas de volta ao trabalho através do poder da inovação. Nossa nação ainda dispõe do maior ativo conhecido no mundo – nosso capital humano."

Lynn Tilton: "Meu objetivo é recriar um país com valor agregado."

Pela última contagem, os esforços de Lynn Tilton pela ressurreição salvaram 250 mil empregos americanos.

Tony Hsieh (CEO, Zappos): "A meta número um não deve ser sobre dinheiro. Deve ser a respeito de tornar a vida melhor e de algo que o apaixone. Eu digo: 'Siga a visão, não o dinheiro', e aqui na Zappos nossa visão é trazer um pouco de felicidade para o consumidor americano. E fazemos isso entregando felicidade. Entregamos felicidade aos nossos clientes, nossos funcionários, nossos acionistas, nossos vendedores. Felicidade é um bom objetivo para uma empresa."

John Paul DeJoria foi criado somente pela mãe em um bairro barra-pesada da área central de Los Angeles. Sua mãe trabalhava duro. John Paul e seu irmão acordavam às cinco da manhã, dobravam os jornais matinais e começavam a entregá-los quando ainda estava escuro. John Paul e seu irmão entregavam o dinheiro que ganhavam para a mãe. Houve um fim de semana em que os recursos financeiros dos três somavam 27 cents. A mãe deles disse: "Meninos, temos comida na geladeira. Temos um pequeno jardim nos fundos. Somos felizes. Não estamos doentes. Somos ricos!" John Paul DeJoria, um dos fundadores da Paul Mitchell Systems, tinha 27 cents, mas hoje o 27 é seguido por muitos zeros.

John Paul DeJoria: "Paul e eu começamos a Paul Mitchell Systems com US$700. Nossa primeira regra era que nunca iríamos testar nossos produtos em animais, mas em nós mesmos. Isso lhe diz algo a respeito das nossas filosofias. Eu cresci na área central da cidade e pensava: 'Precisamos ajudar os jovens desta área.' Paul concordava. Tínhamos pouco dinheiro, mas na área central de Los Angeles havia algumas gangues ruins: Crips, Bloods, gangues hispânicas e outras gangues baseadas em etnia. Todo mundo estava lutando. Mas de algum modo estabelecemos uma casa segura em L.A. Ela tornou-se uma zona de neutralidade entre as gangues. Jovens de várias idades tinham um lugar seguro para ir e serem orientados para viver um pouco mais tempo. No início acreditávamos que nosso negócio poderia dar dinheiro e ajudar as pessoas ao mesmo tempo. Temos outras casas seguras nos Estados Unidos e orfanatos e asilos para idosos no México, além de outros projetos em todo o mundo.

"Nosso pessoal e nossos clientes sabem que podemos mudar sociedades, que as estamos mudando, que estamos claramente realizando boas mudanças. E isso nos faz felizes."

Robert Johnson tornou-se bilionário com sua inovadora Black Entertainment Television. Quando a BET tornou-se um sucesso, Robert Johnson usava a empresa para criar oportunidades para minorias. Hoje ele preside o conselho da RLJ Companies, um grupo de mais de 15 empresas, focalizadas em melhorar oportunidades educacionais para minorias e dar às pessoas acesso à perspicácia para negócios e a recursos financeiros.

Seth Goldman (CEO, Honest Tea): "Descobri que o chá é produzido por alguns dos países mais pobres do mundo, mas é apreciado pelos mais ricos. Existe uma boa oportunidade para se criar riqueza no nível de comunidade. Quando estamos comprando 12 milhões de quilos de ingredientes orgânicos, estamos causando um impacto sobre o ambiente: menos pesticidas e herbicidas, e uma vida melhor para os agricultores.

"E, do ponto de vista da saúde, dar aos americanos uma bebida com muito menos açúcar seria bom para a dieta deles e ajudaria a combater a crise da obesidade."

David Steiner (CEO, Waste Management): "Tenho três filhos. Quero passar este planeta para eles em melhor forma do que quando eu o herdei. Esta é uma empresa em que podemos construir valor para o acionista, ganhar muito dinheiro e melhorar o planeta. Nossa estratégia de extrair valor de resíduos é como iremos salvá-lo para meus filhos e para os filhos de nossos maravilhosos 43 mil funcionários, além de qualquer outra criança."

A América é a nação mais generosa do mundo. Corporações americanas podem fazer o trabalho de Deus. Ter um propósito mais elevado é bom negócio.

9
Devolver

As organizações transformadoras são extremamente generosas. Seu pessoal faz trabalho voluntário. As empresas são filantrópicas. Elas devolvem a suas comunidades. Falam sério a respeito de melhorar o ambiente. Essas empresas superastros melhoram a sociedade ajudando.

A cultura de doação atrai talentos especiais, é reconhecida pelos clientes e intimidante para os concorrentes que não a entendem. As empresas altruístas lideram suas indústrias em retenção de funcionários, em moral e também no orgulho deles. Não é apenas por coincidência que as empresas generosas têm fortes posições de participação de mercado, são lucrativas com consistência, têm grandes marcas e nunca param de inovar.

Frances Hesselbein subiu de Girl Scout [bandeirante] para CEO das Girls Scouts dos EUA. Durante seu mandato de 14 anos como CEO, ela estabeleceu o programa Daisy Scout para atrair meninas jovens, aumentou a participação de minorias e acrescentou 2.250.000 novas bandeirantes.

Frances Hesselbein (CEO, Leader to Leader Institute): "É espantoso o que acontece às pessoas numa organização quando elas fazem parte da satisfação de uma necessidade social crítica. Quando você engaja seu próprio pessoal, onde encontrar maior produtividade e moral mais alto?"

Anne Mulcahy transformou a Xerox de empresa vacilante e derrotada, levando-a de volta à grandeza. Depois de aposentada como CEO, ela foi presidir a organização Save the Children.

Anne Mulcahy (CEO, Xerox [aposentada]; presidente, Save the Children): "Creio que se você é afortunado e privilegiado o suficiente para dirigir um empreendimento comercial com fins lucrativos e tem oportunidade para devolver deve fazê-lo. A Save the Children está fazendo exatamente isso. E eu não estou tendo problemas para conseguir apoio de corporações generosas em todo o mundo."

Em 2000, Pat McGovern e Lore Harp McGovern, sua esposa, reservaram US$350 milhões para estabelecer o McGovern Institute for Brain Research no MIT. O McGovern Institute é dirigido por uma equipe de renomados neurocientistas comprometidos com a superação de dois grandes desafios: entender o funcionamento do cérebro e descobrir novas formas para prevenir ou tratar distúrbios cerebrais.

Pat McGovern (fundador e presidente do conselho, International Data Group [IDG]): "Este sonho de compreender o cérebro humano agora está ao nosso alcance e estamos convencidos de que sua realização será o maior feito do século XXI. Estamos orgulhosos por desempenhar uma parte em fazer isso acontecer."

A filantropia corporativa é uma estratégia de marketing vitoriosa. A filantropia inteligente é um bom uso do dinheiro dos acionistas. A boa cidadania corporativa constrói marcas e produz clientes.

Shelly Lazarus (presidente do conselho, Ogilvy & Mather): "Os clientes falaram. Eles se importam com o fato de empresas serem ou não boas cidadãs. A filantropia de uma empresa sinaliza o que ela é em seu íntimo. Por exemplo, a Ronald McDonald House é filantrópica e constrói a marca. Ela é uma janela para o lado essencial da McDonald's. A Unilever possui o sabonete Dove e investe todos os seus dólares filantrópicos em um programa para gerar autoestima entre garotas de 10 a 14 anos de idade. A empresa veiculou um anúncio durante o Super Bowl que não era a respeito do Dove, mas sim de elevar a autoestima de garotas. Isso é construção inteligente de marca."

Dan Amos (CEO, Aflac): "Ser um bom cidadão corporativo significa dar de volta a uma causa à qual você dá valor. É devolver àqueles que necessitam porque essa é a coisa certa a ser feita."

A filantropia está literalmente no DNA da General Mills. Em 1866, um cavalheiro com o maravilhoso nome de Cadwallader Washburn estabeleceu a General Mills construindo um dos primeiros moinhos de farinha de Minneapolis. O moinho da empresa sofreu uma explosão devastadora na década de 1880. Washburn compensou todas as pessoas afetadas pelo desastre, construindo inclusive um orfanato que opera até hoje.

Ken Powell (CEO, General Mills): "Nosso fundador era um benfeitor inspirado e esse cuidado com a comunidade sempre foi uma marca da cultura da General Mills. A empresa é uma das maiores doadoras filantrópicas do país. Mais de 80% dos seus funcionários nos EUA prestam serviços voluntários. Temos pessoas na África ajudando a resolver problemas de carência de alimentos. Temos em nossos laboratórios centenas de cientistas que querem ajudar pessoas. Isso é muito motivador para nossos funcionários. Na General Mills, nós nos referimos ao voluntariado como 'dar aos nossos funcionários a oportunidade de viver seus valores'."

A filantropia de fato constrói marcas e lealdade do cliente. A marca Gold Medal Flour, da General Mills, foi a número um de farinhas de trigo por 150 anos. A marca Wheaties foi lançada na década de 1920 e ainda é forte. Cheerios é a marca de cereal mais vendida nos Estados Unidos.

Grandes marcas e grande filantropia não ocorrem por acaso.

> **John Paul DeJoria (fundador e CEO, Paul Mitchell Systems, e fundador, Patrón Spirits):** "É simples: O sucesso não compartilhado é fracasso. Até mesmo os alunos de nossas escolas de cabeleireiro aprendem a devolver. Eles levantam fundos que chamamos de Cut-a-Thons. Levantam dinheiro para instituições de caridade, para suas comunidades, seu país e o mundo. Enquanto estão em nossas escolas, eles aprendem a devolver e isso faz com que se sintam bem. Ajudamos a criar hortas nos Montes Apalaches. Alimentamos todos os dias milhares de órfãos na África. O sucesso não compartilhado é fracasso."

Jim Gillespie era um corretor de imóveis em início de carreira e não tinha dinheiro. Representava um casal de idosos pobres na venda da casa deles. Ele vendeu a casa – sua segunda venda – e devolveu toda a sua comissão aos clientes. Anos depois, Gillespie é CEO da Coldwell Banker, liderando 87 mil agentes e funcionários globais.

Jim também devolveu de outra maneira excepcional. Dos cinco diretores de operações que trabalharam para ele, quatro tornaram-se CEOs de outras grandes imobiliárias residenciais e comerciais.

Jim Gillespie: "Não acredito que um profissional, de qualquer mercado, deve trabalhar de graça. Mas, se você está no seu emprego só pelo dinheiro, pode esquecer que seu objetivo é ajudar pessoas. Aqueles que ajudam mais geralmente se beneficiam em termos financeiros. Na ocasião, devolver a comissão era a coisa certa. Nunca mais fiz aquilo."

Jim Gillespie: "Quero registrar que me orgulho do fato de quatro dos meus diretores de operações chegarem a CEOs. Sempre procuro contratar bons elementos com talento e que combinem com nossa cultura. Acho que outras organizações também gostam de quem contratamos e por quê."

A Panasonic está impactando a sociedade de uma forma única e dramática. A empresa assumiu um compromisso global de tornar-se líder em inovação ambiental. Joe Taylor, CEO da Panasonic, está mudando a sede norte-americana de uma área suburbana de mais de 200 mil metros quadrados em Secaucus, New Jersey, para uma torre de escritórios ambientalmente sustentável que está em construção no centro de Newark, NJ.

Joe Taylor: "Estamos nos mudando para um local adjacente à Penn Station de Newark, que é um grande centro de transporte público. Manteremos mil empregos em New Jersey; vamos ajudar a transformar aquela que foi uma ótima cidade; poupar dinheiro e aproveitar um momento oportuno para educar nossos funcionários. Estamos dizendo a eles que não podemos ter mil funcionários indo e voltando do trabalho todos os dias em mil carros e ser um legítimo líder em termos de melhorias ambientais. A mudança para Newark irá reduzir nosso consumo coletivo de combustível, reduzir as emissões de carbono, os congestionamentos nas estradas e assim por diante. A lição é que fazer alguma coisa por nosso planeta é uma responsabilidade pessoal e corporativa e não algo a ser delegado a ativistas. E nossos funcionários irão economizar, a publicidade irá comover nossos clientes e Newark ganhará um fabuloso cidadão corporativo."

Dar e receber. Dê dinheiro; receba clientes.
Dê tempo; receba consciência positiva da marca.
Transforme comunidades; transforme a sociedade.

Nada é impossível

A menos que conheça o futuro da ciência, da tecnologia, dos assuntos humanos, então você poderá contar com uma realidade histórica: as coisas irão mudar e aquilo que ontem era impossível hoje é uma voz feminina em seu carro, dizendo-lhe para virar à direita depois de um quilômetro. Transformar uma cultura obstinada e negativa é difícil, mas não impossível. Recuperar uma empresa gigante ou em coma não é impossível. Lançar produtos que voam até a lua, que podem ver através de concreto e pensar não é mais impossível.

Impossível é uma resposta, uma solução, ainda não imaginada.

Questione a organização. Pressione-a. Mantenha a pressão por criatividade, inovação, diferenciação. Seja implacável para obter mudanças e desempenho. Todos os dias surge uma empresa em algum lugar, oferecendo ao mundo um produto que ontem era considerado impossível.

Daniel Lamarre (CEO, Cirque du Soleil): "Todos os dias no Cirque começamos com a mesma pergunta: 'O que é impossível que posso tentar realizar hoje?' Todos os dias. É fácil repetir a mesma coisa, sentir-se à vontade, usar a mesma fórmula. Se não desafiarmos a nós mesmos, poderemos deixar de inovar."

A Royal Caribbean Cruises transformou sua indústria fazendo aquilo que ninguém poderia imaginar sendo feito no mar. A bordo dos maiores navios de passageiros do mundo, o cliente pode optar por patinar no gelo no equador. Ou tomar sol passando por geleiras. Ou escalar rochas no mar. Ou andar de carrossel. Os adeptos de aventuras podem praticar surfe no Flow Rider, um simulador de surfe que é a atividade favorita do CEO Richard Fain quando está a bordo.

Richard Fain: "Nossa propaganda nos descreve como a 'Nação do Por Que Não'. E isso é totalmente verdadeiro. Acreditamos realmente em 'Por que não'. Perguntamos a nós mesmos: podemos construir os maiores navios do mundo, onde o centro interno pode ser aberto ao céu? Nossa resposta: 'Por que não?' E assim fizemos. Continuamos fazendo o inesperado. Todos nós na Royal Caribbean acreditamos que tudo é possível. Nossos clientes adoram nossas surpresas inovadoras."

Bill Roedy (fundador e CEO, MTV International): "Houve desafios importantes para o estabelecimento da MTV no mercado global. A distribuição era um problema enorme. Não havia infraestrutura para transmitir a MTV. Conseguir que anunciantes apostassem em um projeto não testado, que assumissem um risco, foi outra dificuldade. E havia regulamentos por toda parte. Sobre a propriedade, sobre transmissões de rádio e televisão, sobre fronteiras. Os regulamentos franceses são lendários. Mas, se você não aceitar um não como resposta e mantiver uma atitude correta de 'respeito e reflexão' pela cultura e as pessoas locais, poderá superar qualquer desafio."

Fazer o impossível antes de um concorrente, novo ou antigo, que tenha imaginação e perspicácia, desmente a sabedoria predominante.

"Disseram que isso não poderia ser feito" é um alto cumprimento para o executivo transformador.

11
Assumir o risco

O risco está no centro da transformação de uma empresa. Iniciar uma nova indústria, lançar um novo produto, transformar um cavalo de carga em cavalo de corrida exigem que se corram riscos. Mudar de estratégia é um risco. Investir numa tecnologia nascente é um risco. Não investir numa oportunidade é um risco. Ironicamente, são as gerências avessas a riscos que criam a necessidade de executivos transformadores. Em tempos difíceis, os gerentes avessos a riscos recuam, evitam mudanças e cortam investimentos que poderiam conquistar e manter clientes.

O que pensa o executivo transformador a respeito de riscos?

Mark Dixon (fundador e CEO, Regus): "Ser CEO está ligado a liderança, tomar decisões difíceis, cometer erros. É preciso estar preparado para assumir riscos. É apenas liderança."

Bill Roedy (fundador e CEO, MTV International): "Quando desenvolve um negócio, você precisa assumir riscos. Este é um princípio importante. Quebre as regras. Você irá cometer erros, mas é assim que se aprende."

Willy Walker (CEO, Walker & Dunlop Co.): "Somos um dos mais respeitados financiadores de prédios de apartamentos do país e estamos nesta indústria há três gerações. Em 2008, enfrentamos uma crise no mercado habitacional. Nossas fontes de capital incluíam Fannie Mae e Freddie Mac, e eles estavam nas manchetes todos os dias. As taxas de juros estavam por toda parte. Grandes bancos, bancos de investimentos, fecharam ou estavam correndo para a porta de saída. Então repensamos as coisas. Avaliamos todos os tipos de risco. Calculamos para onde achávamos que nosso mundo estava indo. Então nos debruçamos sobre nossa especialidade. Eliminamos uma empresa associada que diluía esforços. Adquirimos uma empresa com pessoal excepcional. Investimos para trazer grandes talentos para todos os níveis da empresa. Abrimos filiais em todo o país. Reunimos a mais forte equipe de produtores e vendedores da indústria. E abrimos o capital. Havia riscos, mas enquanto o CEO transformava uma empresa familiar, mas ótima, numa empresa com ações negociadas na Bolsa de Valores de Nova York, aderi à máxima dos atletas: 'Você não poderá vencer se não estiver no jogo.' E estamos no meio do jogo."

Dan Amos é CEO da Aflac, Inc., uma companhia de seguros. As companhias de seguros pensam a respeito de risco como as abelhas pensam a respeito de pólen. Suas análises de riscos incluem cálculos e estimativas cuidadosos das probabilidades de ocorrência de um evento adverso; da cobertura adequada e dos prêmios; da exposição a indenizações por desastres.

Dan Amos é especialista em gerenciamento de riscos e construiu uma empresa onde todos são treinados em avaliar suas decisões de acordo com três princípios:

Em primeiro lugar, não arrisque muito por pouco.
Em segundo, não arrisque mais do que você pode perder.
Terceiro, considere as probabilidades de ocorrência de qualquer coisa.

Dan Amos queria construir a marca Aflac. E decidiu fazê-lo reformulando os comerciais de televisão da empresa. Ele aplicou seus três princípios de gerenciamento de riscos à avaliação de uma potencial campanha publicitária para a Aflac Duck.

Dan Amos: "A produção do comercial e a veiculação iriam custar um milhão de dólares, que é um monte de dinheiro, mas se ela funcionasse significaria milhões em receitas para a Aflac. Muito bem, passou pelo primeiro princípio.

"Quanto a não arriscar mais do que se pode, não gostaríamos de perder um milhão de dólares, mas podíamos arcar com isso. Se o comercial não funcionasse, sairíamos do ar imediatamente para reduzir o prejuízo.

"Finalmente, regra três, considerar as probabilidades. Essa era a parte difícil. Nossa pesquisa mostrou que o teste do comercial 'Duck' (pato) apresentou um resultado 150% melhor que qualquer outro comercial que havíamos testado. Nosso melhor comercial anterior resultara num reconhecimento de marca médio. Eu estava cansado de médio.

"Testamos um comercial tradicional de 'sentir-se bem' com o ator Ray Romano e algumas crianças brincando com blocos que formavam a palavra Aflac. Esse conceito deu resultados 50% melhores que nosso melhor comercial anterior. Assim, meu dilema era usar o comercial de 'sentir-se bem' ou uma carta desconhecida que fazia graça com nossa marca.

"Perguntei a outro CEO o que ele achava, e suas palavras foram: 'Ninguém foi demitido, por um aumento de 50%. Vá em frente com Ray Romano." Essa era a aposta segura.

"Mas o terceiro princípio é considerar as probabilidades. A contagem do Duck foi mais alta. Melhores probabilidades. Então fomos com o Duck.

"Quando contei ao pessoal que o novo comercial iria apresentar um pato que grasnava 'Aflac', a reação foi sempre a mesma: um olhar silencioso de surpresa. Felizmente, os comerciais mostraram ser uma das campanhas mais memoráveis e bem-sucedidas já veiculadas.

Quando penso no assunto, me dou conta de que arrisquei toda a minha carreira naquele maldito pato! Lembre-se sempre de que as probabilidades realmente dão lucro."

A diferença entre o executivo corporativo e o empreendedor é que o executivo pode ouvir "sim" 99 vezes e "não" uma vez, e poderá desistir. O empreendedor pode ouvir "não" 99 vezes e "sim" uma, e ir em frente.

O executivo transformador compreende essas atitudes e vai em frente com o pato.

12
Obstáculos são oportunidades

Por definição, o executivo transformador enfrenta obstáculos. A empresa está na UTI, ou o mercado está em queda, ou não há dinheiro, ou uma nova tecnologia está tornando obsoleto o principal produto da empresa. Os obstáculos são muitos, constantes, diários e mortais. O executivo transformador analisa um obstáculo. Ele não se encolhe, nem torce as mãos. Ele pergunta a si mesmo e a todos os outros: "Como podemos tirar proveito desse desafio? O que podemos fazer que os concorrentes sequer tentariam? Como podemos vencer?"

Ralph de la Vega, CEO da AT&T Mobility, e sua família estavam planejando deixar Cuba e ir para os Estados Unidos. No último momento, o governo de Fidel Castro decretou: "Só o garoto poderá ir." Ralph de la Vega tinha 10 anos de idade. Deixou Cuba sozinho e foi para uma terra cujo idioma não falava nem lia e de cuja comida não gostava. Ele ficou em Miami com uma família maravilhosa, que o tratou como filho durante quatro anos, até que seus pais finalmente conseguissem chegar à Flórida.

Ralph de la Vega: "Voltando àquele evento, eu não mudaria nada. Ele mudou minha vida para melhor. Hoje eu sempre busco oportunidades em obstáculos e aquele panorama é um marco da minha carreira."

Ralph de la Vega: "Quando assumi o negócio de comunicações sem fio na América Latina, o mundo caiu. A Argentina entrou em depressão absoluta. Não era recessão, e sim uma depressão total. A moeda foi desvalorizada em 75%. As receitas da nossa empresa na Argentina caíram, da noite para o dia, de um bilhão de dólares para US$250 milhões. Nosso plano de negócios tinha um buraco de US$750 milhões. E o problema piorou. Tínhamos de comprar telefones em dólares, mas éramos pagos em pesos. Com isso, nosso preço de venda quadruplicou."

O desafio era manter alguma lucratividade a despeito da perda de US$750 milhões em receitas e dirigir uma força de vendas cujo produto tinha um preço totalmente fora do mercado.

Plano de Ação Obstáculo/Oportunidade de la Vega
- Parar de vender.
- Transformar vendedores em cobradores.
- Cobrar cada peso não pago.
- Cortar custos.
- Reorganizar cada parte do negócio para reduzir o ponto de equilíbrio.

Resultado: receitas menores; margens maiores; clientes salvos; força de vendas preservada; empresa salva.

Ralph de la Vega: "O mais importante na transformação de uma empresa é ter uma boa visão, um plano bem executado e pessoas entusiasmadas e engajadas. Então elas podem superar desafios incríveis."

John Paul DeJoria estava à espera de fundos de um investidor para financiar sua nova empresa. O ano era 1980, uma ocasião econômica terrível. As taxas de juros eram de 18% a 20%. O desemprego estava em 10,5%. O Irã detinha reféns americanos. As pessoas ficavam horas nas filas para conseguir gasolina. O investidor desistiu. John Paul DeJoria tinha apenas algumas centenas de dólares.

Ele também estava sem teto e era um pai solteiro de um filho de dois anos e meio.

John Paul DeJoria: "Os tempos estavam difíceis, mas iniciamos a empresa de qualquer maneira. Havia muitos obstáculos, mas vimos uma grande oportunidade em vender produtos inovadores diretamente aos cabeleireiros, que iriam usá-los com suas clientes e depois vendê-los a elas. Nossos produtos não estavam à venda nas lojas de varejo; assim, os donos dos salões não teriam que competir com elas. Eles eram profissionais e podiam fazer suas recomendações às clientes. Lançamos um xampu de aplicação única que poupava tempo e dinheiro aos profissionais. Também lançamos um condicionador que também era uma loção para corte de cabelos que tornava o corte e a secagem mais rápidos e melhores. Tínhamos muitas outras ideias de produtos interessantes. Nossa meta era chegar a um faturamento de US$5 milhões por ano. Mal sabíamos que iríamos vender centenas de milhões."

John Paul DeJoria: "Minha maneira de lidar com obstáculos é simples: eu vou em frente. Os empreendedores devem estar preparados para muita rejeição. As pessoas dizem não de mil maneiras. Se você bater em cem portas e todos disserem não, ao bater na porta 101 seja tão entusiástico quanto foi na primeira porta. A oportunidade é a porta 101. A grande diferença entre as pessoas bem-sucedidas e as malsucedidas é que aquelas fazem aquilo que mais ninguém quer fazer. Todos sabem que é preciso bater na porta 101 ou 201 e estar entusiasmado e positivo, mas poucos o fazem. Acredite em você. Acredite que está vendendo o que há de melhor. Certifique-se de que seu produto seja de boa qualidade. Então bata em todas as portas de que precisar."

Seth Goldman (CEO, Honest Tea Company): "Quando abri a Honest Tea, eu nada sabia a respeito do ramo de bebidas. Melhor assim, à medida que os obstáculos desconhecidos foram aparecendo. Por exemplo, distribuição: como vender e distribuir a milhares de lojas? Liguei para alguns distribuidores, que não quiseram trabalhar conosco. Um grande obstáculo. Não se pode vender um produto, mesmo que seja inovador como o Honest Tea, se ele não estiver nas prateleiras das lojas. Então encontramos um distribuidor de queijos que vendia nosso chá a lojas gourmet. Encontramos um distribuidor de carne enlatada que o vendia a delicatéssens. Encontramos um distribuidor de carvão que ia a mercearias. Entramos no maior número possível de lojas. Esses distribuidores não tradicionais estabeleceram nossa marca."

A Aflac viu sua consciência de marca saltar de 11% para 93% devido aos seus criativos comerciais de TV Aflac Duck. Além da sua figura altamente reconhecível, a voz do Duck também era memorável. Mas em 2011, na esteira do terremoto seguido de tsunami no Japão, que representava 75% dos negócios da Aflac, o ator que fazia a voz do amado Duck ridicularizou a tragédia. Esse insulto colocou em grande risco a consciência positiva da marca.

Dan Amos (CEO, Aflac): "Ficamos indignados quando soubemos do incidente. Era difícil acreditar que tínhamos de lidar com aquilo quando milhares de clientes estavam mortos ou desaparecidos. Sem hesitação, demiti o ator. Criamos um comercial ao estilo do cinema mudo para manter a consciência da nossa marca, ao mesmo tempo em que começamos a procurar alguém para ser o novo Aflac Duck. Aquilo que inicialmente parecia um enorme desafio acabou sendo um sucesso de relações públicas. O número de pessoas que se candidataram ao trabalho chegou a 12.371 e foram geradas mais de 70 mil histórias na mídia a respeito da busca por uma nova voz. Transformamos um enorme obstáculo numa oportunidade GIGANTESCA. Recebi uma nota de uma pessoa do ramo de televisão que, por mais de 20 anos, coordena notícias para estações afiliadas em todo o país. A nota dizia: 'Sua reação ao incidente negativo com a voz é o melhor exemplo já visto de transformação de feiura em beleza que já vi no mundo das relações públicas.'"

O fracasso público – na imprensa, na televisão, nas risadas dos dirigentes dos concorrentes, entre amigos – não é uma ocasião feliz. Perder 75% das receitas da empresa também não é. Ser uma criança só, vendo sua mãe, seu pai e sua terra natal desaparecendo a distância, também não é. Ser um sem-teto também não. E enfrentar a perda do pato mais famoso do planeta também não.

A vida nos negócios pode ser dura. Erros são cometidos. A má sorte acontece. Bancos cobram empréstimos. Clientes se vão. Os concorrentes aparecem com surpresas devastadoras. Os colegas desapontam. Novos produtos fracassam. Acionistas somem.

A liderança é necessária quando os credores estão cobrando, os predadores uivando e a música não está tocando.

Liderança é achar oportunidades a despeito dos obstáculos e desafios.

Para os executivos transformadores, o *o* de *obstáculo* é a inicial de *oportunidade*.

13
O dispendioso atendimento ao cliente é gratuito

Zappos é a empresa fenomenal que criou uma loja de calçados virtual. A cliente da Zappos nunca precisa visitar uma sapataria. Ela nunca precisa se preocupar se a loja do shopping center tem o par de sapatos perfeito. Não precisa dirigir, estacionar, esperar pelo atendimento, perder tempo. Não precisa pensar se os sapatos irão servir ou se a cor irá combinar com seu novo vestido. Ela pode pedir em qualquer dia, a qualquer hora, e receber seus sapatos em um ou dois dias. E nunca tem de se preocupar a respeito de devolvê-los por qualquer razão: basta enviá-los... de graça! E ela pode esperar um ano para devolver os sapatos... de graça! Caso tenha qualquer pergunta, ela pode ligar a qualquer momento, inclusive em feriados, e receber uma resposta imediata ou ter seu problema solucionado. Ela não tem de pagar por nada além dos sapatos.

Se você é cliente da Zappos, é quarta-feira e você precisa de um par de sapatos para o sábado, mas não está certa a respeito do tamanho, da cor ou do conforto, simplesmente peça

10 pares. A Zappos os enviará imediatamente e de graça. Escolha o par que deseja e mande de volta os outros nove, de graça! Então use os sapatos e faça sucesso no sábado à noite.

A Zappos tem uma estratégia de geração de negócios: oferece um atendimento sem igual, oneroso e muito rápido para um mercado de massa. Nenhuma outra empresa gasta mais dinheiro por pedido e por cliente que a Zappos. (Existem outros ótimos provedores de produtos de consumo, como Ritz-Carlton e Virgin Airlines, mas são dirigidos a segmentos menores e selecionados do mercado.)

Especialistas em eficiência, corte de custos e finanças entrariam em pânico ao analisar a estratégia de atendimento ao cliente da Zappos, antieconômica e anti-intuitiva. Eis o que ela faz que nenhuma outra empresa chegaria a considerar:

- Ter seres humanos vivos à disposição para falar com o cliente sobre todos os pedidos, todas as horas do ano.
- Ter representantes de vendas que não tentam oferecer ao cliente produtos mais caros ou complementares.
- Ter representantes de vendas que passam uma hora ao telefone, mesmo que não haja venda. Sem problemas.
- Caso não haja em estoque o par de sapatos desejado, a Zappos direciona o cliente para seus concorrentes.
- O depósito está aberto todas as horas do ano. Isso significa 8.700 horas com as luzes acesas, os telefones em uso, os produtos embalados, três turnos são

pagos, caminhões carregados e cem outras coisas que não deveriam ser feitas. Essa é uma maneira muito ineficiente de dirigir um depósito.

- Para roupas, há embarques da noite para o dia para os clientes e devolução gratuita.

- A grande maioria dos clientes tem uma surpresa: serviço de alto nível gratuito para entregas da noite para o dia.

Tony Hsieh (CEO, Zappos): "Como investimos no atendimento ao cliente, não precisamos gastar muito com propaganda ou outros itens de marketing. Nossos clientes fazem nosso marketing. Entregamos felicidade, e nossos clientes nos entregam seus amigos e parentes.

"'Um atendimento ao cliente dispendioso cria milhões de vendedores que trabalham de graça para nós.'"

14

Como inovar

Os dirigentes sabem que devem inovar. Sabem que devem mudar, adaptar, diferenciar, assumir riscos. Contudo, alguns deles estão tão presos ao passado que não podem, querem ou sabem como inovar.

Aqui estão alguns segredos públicos sobre como inovar.

- *A inovação começa por cima.* Se o líder falar em inovação, der muitos exemplos, premiar as tentativas, louvar os sucessos, a organização captará a mensagem. Há mais inovações inexploradas na maior parte das empresas do que mexilhões em qualquer cais.
- *Inovação é uma ideia transformada em realidade.* Ideias criativas que são esboços numa folha de papel ou assuntos de e-mails sem resposta não são nada. Para inovar é preciso executar. E a má execução não é motivo para se eliminar o inovador nem a ideia.
- *A empresa inovadora sempre está tentando melhorar.* A liderança fala em novos produtos, novos

mercados, novas máquinas. A empresa investe agressivamente em pesquisa, engenharia, contato com o cliente, pessoas inteligentes, comercialização.
- *Junte engenheiros engenhosos ou pessoal de desenvolvimento com gênios de marketing.* Esta é a regra mais importante para o sucesso de novos produtos.
- *Ouça os clientes.*
- *Tenha alta tolerância com quem rompe regras, quando isso está ligado a inovações, mas não com quem rompe as regras da cultura da empresa.*
- *Se alguém propõe uma ideia promissora, atribua o desenvolvimento da ideia a essa pessoa.*

Bill Roedy (fundador e CEO, MTV International): "Tivemos essa franquia de sucesso, com muitos shows populares, mas seu conteúdo era todo concebido para o mercado americano. Caso seu público-alvo seja só de americanos, tudo bem. Mas se você quer ser global precisa inovar seus produtos para que eles sejam relevantes para os clientes locais, em especial para a mídia. Não se trata de um refrigerante ou sanduíche, mas de um canal de TV que reflete e respeita as culturas locais. A marca é a mesma, mas as inovações são necessárias para adaptá-lo de forma que ele satisfaça os gostos do consumidor no Brasil, na Índia ou na Coreia do Sul."

Diferenciação é inovação. Sua diferenciação, o ponto de diferença do seu produto ou serviço, não precisa ser "melhor" que o de um concorrente, apenas diferente. As atendentes que sorriem no local em que você toma café da manhã são diferentes das atendentes entediadas e indiferentes do outro lado da rua. É preciso diferenciar seu produto, em particular se o concorrente é grande e dominante.

O Griffin Hospital é um pequeno hospital comunitário com 160 leitos. Em várias direções, a cerca de vinte quilômetros de distância, há um grande hospital. As pessoas que estão na área de mercado do Griffin podem dirigir vinte quilômetros e serem atendidas em grandes hospitais, inclusive o conhecido Yale-New Haven.

Patrick Charmel (CEO, Griffin Health Services): "No início de minha carreira, eu sabia por intuição aquilo que hoje sei empiricamente; conversar com o consumidor. Ele é a inspiração para inovações. Se você investigar e ouvir, ele lhe dirá do que gosta e não gosta e suas preocupações. Normalmente, ele não lhe dará respostas. Obtê-las é a função de quem soluciona o problema, não de quem sofre com ele.

"Nossa primeira grande diferenciação, numa época em que nossa sobrevivência dependia da nossa capacidade para diferenciar nosso hospital dos seis outros que nos rodeavam, foi inspirada por conversas com mulheres grávidas. Elas indicaram que não queriam que o parto fosse tratado como uma emergência médica ou uma doença. Elas não queriam ser expostas a pacientes doentes, nem ao ambiente hospitalar tradicional. E não queriam as regras para visitas que faziam parte do protocolo padrão dos hospitais. Mudamos tudo. Construímos uma entrada especial só para as mães e suas famílias. Reformamos a ala da maternidade para que se parecesse mais com uma casa do que com um hospital. Aquela foi uma mudança radical na prestação de serviços para grávidas e parturientes. Acabou a abordagem restritiva de um serviço único para todas. Ela foi substituída por uma abordagem personalizada, baseada na outorga de poderes às pacientes e no envolvimento das famílias. As mudanças no ambiente incluíram grandes salas de pós-parto bem mobiliadas, algumas das primeiras camas hospitalares de tamanho grande do país e banheiras de hidromassagem para alívio da dor no início do trabalho de parto. Realizamos muitas outras mudanças como essas, centralizadas nas clientes. Em sua maioria, os médicos mais velhos do sexo masculino saíram (não é assim que se faz). Eles foram substituídos por obstetras mais jovens e esclarecidos. Nossa maternidade cresceu e usamos aquilo que aprendemos para desenvolver um modelo de serviços centrados nos pacientes para o restante do hospital.

"Para completar nossa transformação, o Griffin colaborou com a organização Planetree, uma instituição sem fins lucrativos fundada por uma paciente insatisfeita com sua experiência em hospitais para mudar a maneira pela qual hospitais e médicos interagem com os pacientes e lhes prestam cuidados. O Griffin adquiriu a organização Planetree e aumentou o número de membros ajudando hospitais a transformar suas culturas para prestar serviços realmente centrados nos pacientes. Hoje os provedores de serviços de saúde lidam com consumidores educados, engajados e bem informados. As organizações de serviços de saúde que compreenderem as mudanças nas expectativas dos consumidores e as satisfizerem serão as novas líderes da indústria. Essa compreensão será um fator de mudanças em serviços de saúde."

Mark Dixon (CEO, Regus): "Uma grande parte das inovações está mantendo seus olhos abertos enquanto viaja pelo mundo em busca de novas ideias, não importando onde elas ocorram. Busque deliberadamente ideias novas e interessantes. Como parte dessa busca, converse com todas as pessoas e mantenha os ouvidos abertos. Se uma ideia merece ser perseguida, comece a testar conceitos; teste, revise e adapte depressa, muito depressa. Revise diariamente os resultados dos testes. Velocidade. Urgência. Execução imediata de experiências. Resultados imediatos. Adaptação imediata. Uma vez que você esteja pronto para partir, consiga as pessoas certas. E execute, execute, execute."

Maxine Clark (fundadora e CEO, Build-A-Bear Workshop): "Quando uma garota de 10 anos perguntou, inocentemente: 'Por que não podemos fazer nossos próprios ursinhos?', acendeu a lâmpada. Nasceu meu sonho da Build-A-Bear Workshop. Todos os adultos com quem falei a respeito da ideia disseram que ela não iria dar certo. Mas todas as crianças perguntaram: 'Quando poderei fazer meu urso?' Inovar é ser diferente. E ser diferente é a razão do nosso sucesso. Nós não inventamos o ursinho: inventamos uma forma de personalizar e vender mais ursinhos e outros amigos peludos. Seguimos nosso sonho com muita paixão. Hoje temos mais de quatrocentas lojas em todo o mundo e cem milhões de amigos peludos espalhados pelo planeta. Estamos muito felizes."

A inovação é um fator de sustentação nos negócios. Se uma empresa deixa de inovar, pode ter certeza de que um concorrente irá pular à frente e mudar a maneira pela qual o velho jogo é jogado. Alguém em algum lugar, uma garagem, um laboratório ou uma sala de aulas, ou um sem-teto em um carro está trabalhando de forma imaginativa e febril para tornar obsoleto o seu produto, a sua vantagem. Essa pessoa não está bloqueada pelos anos em que você fez tudo à sua maneira; não está onerada pelos seus investimentos em equipamento no ano passado; não está preocupada a respeito de um fracasso.

Inovar ou estagnar.
Diferenciar ou desintegrar.
Faça sua escolha.

15
Faça tudo melhor, melhor, melhor!
(Inclusive aquilo que já é "perfeito")

O ovo foi durante milênios um símbolo de perfeição. Os alquimistas medievais viam-no como um símbolo de perfeição, e como eles a maior parte das primeiras sociedades civilizadas. A forma impecável do ovo faz dele uma metáfora comum para perfeição na poesia, na literatura e nas artes. A arquitetura do ovo é o círculo, também um símbolo de perfeição. A forma de qualquer ovo, sua circularidade infinita, é considerada o desenho simples mais elegante de todos. O ovo, a fonte de vida, é perfeito.

Os vendedores de ovos indicam que têm o produto perfeito. E dizem continuamente aos clientes que comprem o "incrível ovo comestível". Mas as vendas de ovos genéricos estão em queda. As vendas de ovos comuns têm caído em dois bilhões de unidades por ano. O produto perfeito não é tão perfeito nos supermercados... com exceção do realmente incrível ovo Eggland's Best.

A Eggland's Best (EB) vem apresentando um crescimento de dois dígitos em 179 de 180 meses consecutivos. Ela cresceu todos os meses por 15 anos, e as vendas continuam a crescer.

Qual é o segredo por trás do espantoso sucesso da EB que contraria todas as tendências? A resposta é simples como o ovo: a EB melhorou o ovo. Hoje ela vende um ovo melhor. A EB melhorou a perfeição.

O temor do colesterol da década de 1980 fez com que as pessoas deixassem de comer ovos ou reduzissem seu consumo. O consumo caiu de 365 para 234 ovos por pessoa por ano. Os consumidores ainda queriam ovos, mas queriam ovos saudáveis. Isso levou à invenção dos ovos Eggland's Best no início dos anos 1990. Charlie Lanktree, CEO da empresa, reuniu seu pequeno grupo e perguntou: "E se fizéssemos um ovo melhor? E se melhorássemos a obra da Mãe Natureza?" (Observação: Charlie Lanktree não perguntou: "Podemos fazer um ovo melhor?" nem "Por que não podemos fazer um ovo melhor?" Essas perguntas significam limites.)

Aquele foi um momento "Eureca". Um ovo melhor foi para o mercado. Os ovos da EB têm comprovadamente melhor sabor e são mais nutritivos que os ovos comuns. Eles contêm menos colesterol e 25% a menos de gorduras saturadas, 300% mais Ômega 3, 200% mais vitamina D, dez vezes mais vitamina E, 38% mais luteína, além de mais vitaminas B_{12} e B_5 que os ovos comuns.

Quando a equipe da EB transformou a produção de ovos, também transformou a indústria. O consumo de ovos está crescendo porque a EB vende mais de três milhões de ovos por ano. Ela mudou a dieta das galinhas. Ela eliminou componentes baratos como gordura animal, subprodutos de origem animal e alimentos reprocessados. E implantou uma dieta toda natural e vegetariana de alto custo, inclusive algas marinhas das águas frias do mar do Norte.

Charlie Lanktree: "Estamos dando às nossas galinhas uma dieta muito dispendiosa. Depois que fizemos um ovo melhor, decidimos melhorar tudo na EB."

Charlie Lanktree: "Melhoramos os lucros para a EB, nossos fornecedores e nossos varejistas. Cobramos mais pelo nosso ovo melhor, fazendo com que todos ganhem mais. Melhoramos os padrões de testes da indústria. A indústria de ovos realiza cerca de 200-300 testes e inspeções de qualidade por ano. A EB realiza 45 mil testes por ano! O Departamento de Agricultura dos EUA inspeciona todas as instalações de processamento de ovos de acordo com os padrões da EB. Estamos trabalhando atualmente para melhorar nossa propaganda, nossas embalagens, nossa política de marcas, nossos sistemas de TI, a distribuição às lojas e nossos funcionários. Acabamos de lançar 'Ovos Cozidos sem Casca', que podem ser comprados em qualquer mercearia. Faça um teste comparativo entre eles e qualquer outro ovo. Decida você mesmo qual tem melhor sabor. Nossos ovos melhores são Os Melhores. Eggland's Best."

Thomas Edison registrou nos EUA um total de 1.093 patentes, inclusive a lâmpada elétrica. Nenhuma outra pessoa detém mais patentes que ele. Apesar de ser um inventor prodigioso, Edison somente partia daquilo que já existia (por exemplo, a lâmpada existia havia cinquenta anos quando Edison a patenteou). De acordo com ele: "Eu tento melhorar as coisas."

Atenção ao Edison e à Eggland's Best: façam tudo melhor.

16

Defenda ideias

Você já deve ter ouvido este clichê mil vezes sob várias formas: "Isso não vai funcionar." Quatro palavras mais mortais para a inovação, o crescimento e a transformação que o vírus Ebola. Se "isso não vai funcionar" faz parte da cultura da empresa, se a frase é a linguagem secreta dos sabotadores de mudanças, então o executivo transformador deve começar a usar o bisturi.

Como marketing, inovação e uma cultura vencedora são os três únicos fatores de sustentação numa empresa, então qualquer coisa que coloque em risco a inovação deve ser eliminada. Elimine as pessoas cuja resposta, em palavras ou atos, é sempre uma variação de "isso não vai funcionar". Elimine as pessoas, a orçamentação e as políticas avessas a riscos; livre-se dos planos de compensação que premiam pessoas avessas a riscos.

Shelly Lazarus, presidente do conselho da Ogilvy & Mather, trabalha numa empresa que é, ao mesmo tempo, indústria de ideias, construtora de marcas e agência de propaganda. Seu trabalho é inspirar ideias, defendê-las e transformá-las em realidade.

Shelly Lazarus: "A O&M é uma empresa maravilhosa. Há novas ideias todos os dias. Não existe nada mais excitante do que receber um telefonema de um dos nossos funcionários para me dizer: 'Tive uma ideia no fim de semana. Posso passar na sua sala e contar?' Mal posso esperar para ouvi-la, mas ao mesmo tempo sei que ela corre perigo. Do ponto de vista prático, ideias são realmente frágeis. É muito fácil matar uma ideia, especialmente nos estágios iniciais. Portanto, sou uma defensora de ideias. Alguém precisa se levantar e dizer: 'Esta ideia é fantástica. Vamos fazer isso.' Essa é minha função."

Charlie Lanktree, CEO da Eggland's Best, queria reforçar sua marca colocando o logo "EB" em azul ou vermelho em todos os ovos que a empresa vendia.

Charlie Lanktree: "Disseram: 'Isso é impossível.' 'Não pode ser feito.' 'As cascas de ovos são frágeis demais para serem impressas com o logo EB.' E assim por diante. Impossível não combina com a EB. Hoje, três bilhões de vezes por ano, toda vez que um dos nossos clientes toca um ovo nosso, ele vê o 'EB'. Que tal isso para construir consciência da marca?"

Defenda ideias. Defenda as pessoas que as têm. Elogie as tentativas e os sucessos. Esqueça as ideias perdedoras, mas só se elas receberam uma revisão objetiva.

Existe uma certeza: Se você, ou sua organização, acredita que a ideia não vai funcionar, e se você não fizer nem mesmo uma tentativa, então você terá razão.

Lidere com amor

É isso aí. Lidere com amor. Não um amor romântico, é claro. Pode ser um amor duro. Ou silencioso. Ou paterno. Algum tipo de amor. Ame o que você faz. Ame sua empresa. Ame seus clientes. Isso é contagioso. Aquilo que você ama, seus colegas irão amar. Ame fazer uma venda. Ame inovações. Ame ir para o trabalho todos os dias.

> **John Paul DeJoria:** "A cultura da nossa organização é amar a nós mesmos, amar nossas famílias, amar as pessoas à nossa volta e espalhar amor, boa vontade e boas obras por todo o mundo. Amando a si mesmo, você será uma pessoa feliz. Clientes e colegas preferem trabalhar com pessoas felizes. 'Se você está envolvido com a Patrón Spirits ou os produtos para cabelos Paul Mitchell Salon, precisa amar os produtos, seus clientes e nosso planeta Terra."
>
> **Kip Tindell (fundador e CEO, Container Store):** "Temos essa gostosa cultura do funcionário em primeiro lugar

que todos nós amamos. As pessoas entram para nossa empresa e nunca saem."

Pat Connolly (presidente, Sodexo Health Care): "Nunca tive um mau dia no trabalho."

Kathy Cloninger (ex-CEO, Girl Scouts of the USA): "Tudo gira em torno das garotas. E de ser irmã de todas as bandeirantes."

Dan Warmenhoven (presidente executivo, NetApp): "Temos mais de 11 mil funcionários e eles amam o ambiente. Amam o fato de suas recomendações serem ouvidas e eles poderem implantar suas ideias. Esse é um ótimo lugar para se trabalhar. As pessoas gostam do que fazem. Gostam das pessoas com quem trabalham e para quem trabalham. Realizamos pesquisas objetivas de nossos clientes e devo dizer, depois de revisar as respostas, que 'nos conhecer é nos amar'. Esse é o estilo da organização que estamos tentando construir."

É isso aí. Liderar com amor. Se Stephen Stills permitisse uma ligeira mudança na sua letra: "Ame aqueles com quem você está."

18
Liderança não é um concurso de amizade

Transformar uma empresa moribunda, uma cultura imperfeita, criar uma nova indústria, recuperar uma empresa não são tarefas para uma personalidade carente que requer aprovação e elogios constantes. O executivo transformador é realista. Ele deve tomar decisões difíceis. E, certas ou erradas, decisões difíceis impactam, perturbam, interrompem, redirecionam e abalam a organização. Haverá pessoas, talvez muitas, que ficarão insatisfeitas.

Mudar o sistema de compensação para pagar pelo desempenho torna os medíocres insatisfeitos. Aposentar o executivo popular, mas resistente a mudanças, será uma medida impopular para seus colegas presos ao passado. Encorajar as pessoas que assumem riscos moderados, elogiar os inovadores, mostrar impaciência com os conservadores e os preguiçosos, tudo isso perturba o *status quo*. Trazer talentos de fora, todos com uma compreensão aguda do novo caminho, irrita aqueles que são deixados para trás ou removidos.

Peter Cuneo recuperou seis outras empresas de bens de consumo além da Marvel Entertainment. "Para mim, o princípio humano crucial para o sucesso, particularmente quando se deve transformar uma empresa, é o entendimento de que um líder não pode deixar todos satisfeitos. Um líder eficaz nunca teme os críticos e as pessoas do contra. Ele implanta as mudanças que irão mover a organização para adiante sem se preocupar com sua popularidade."

Doug Conant recuperou a Campbell Soup. "Durante três anos eu revisava sistematicamente o desempenho e fazia as advertências. Substituímos trezentos de 350 gerentes."

O almirante John Paul Jones (1747-1792) acreditava que a amizade era contrária à liderança. Ele aconselhava seus oficiais a serem "justos, firmes e amistosos... mas não amigos". Esse princípio gerencial ainda é um dogma fundamental no treinamento de liderança da Marinha dos EUA. John Paul Jones é famoso por sua resposta a um oficial naval britânico que tentou ridicularizá-lo. "Ainda não comecei a lutar."

George Steinbrenner devolveu à equipe dos New York Yankees os seus históricos dias de vitórias. Durante o período de reconstrução, "O Patrão" demitiu Billy Martin e Yogi Berra, dois dos jogadores mais populares dos Yankees de todos os tempos. De acordo com George Steinbrenner: "Amo aqueles caras, mas amo mais os Yankees. O que fiz, fiz pela organização. Ouço as vaias e leio os jornais, mas não me importo. Comentaristas esportivos não irão nos ajudar a vencer a World Series."

Os líderes transformadores devem instituir as mudanças necessárias à vitória e eliminar pessoas, produtos, processos e políticas que atrapalham o objetivo de vencer. Esqueça as pesquisas de opinião e faça a coisa certa.

Esteja consciente da sua esteira

Barcos que não deixam esteira não estão se movendo. O executivo transformador está sempre em movimento, sempre criando uma esteira. Ele se move contra os fluxos, fazendo uma esteira impressionante. De alguma forma, sua esteira sempre afeta todas as pessoas na organização. Ela pode ser uma pequena onda, pode ser dramática, mal interpretada, positiva, negativa, assustadora.

Esteja consciente da sua esteira. Esteja completamente consciente daquilo que fala, escreve e faz. Cada ação causa ondas que balançam em algum grau a organização. Comunique-se com clareza e atenção.

> **Kip Tindell (CEO, Container Store):** "Ter consciência da sua esteira significa saber que tudo que você faz ou deixa de fazer afeta sua empresa e as pessoas à sua volta. Significa tomar muito cuidado para assegurar que sua comunicação é consistente, criteriosa e transparente. Significa liderar com amor, não com medo. Importar-se a respeito do seu impacto sobre a organização e todas as

partes interessadas – funcionários, clientes, fornecedores, comunidades – instila confiança e torna a empresa mais forte e sustentável."

Não existe uma "zona sem ondas" numa organização que se transforma.

20

Sobre tomada de decisões

O presidente George W. Bush disse: "Sou quem decide." Política e personalidade à parte, ele estava certo (apesar da má escolha de palavras). Bush era o líder. Líderes devem tomar decisões, muitas vezes sobre os mais difíceis desafios enfrentados pela organização.

Aqui estão algumas sugestões para melhorar sua tomada de decisões:

- Grupos são mais inteligentes que indivíduos. Peça conselhos. Ouça todos.
- Tenha um "gabinete de cozinha" (expressão usada pela primeira vez pelo presidente Andrew Jackson em 1832). Um gabinete de cozinha é composto por um ou dois conselheiros honestos, que normalmente não fazem parte da organização do líder. Essas pessoas nunca permitem deliberadamente que o líder cometa um erro.
- Determine exatamente quando a decisão deve ser tomada. Caso deva ser tomada em sessenta segundos, pense por 59 segundos.

- Sempre existem ambiguidade, falta de certeza, falta de dados cruciais. Os líderes fortes lidam melhor que os fracos com a ambiguidade.
- A tomada de decisões começa com o conhecimento. Existem inúmeras fontes de conhecimento, inclusive seus anos de experiência, observação, instintos e o que se aprende só nas ruas.
- Os conselheiros sempre têm seus pontos de vista. Saiba quais são eles para melhor avaliar os conselhos.
- Fatos vêm com interpretações. Certifique-se de que sabe a diferença e conhece todas as interpretações.
- Nem sempre acredite naquilo que pensa. Combata sua tendência natural de adotar "raciocínio motivado", "crença motivada" e "confirmação de propensão". Reconheça que você pode estar, de forma subconsciente, em busca de fatos e argumentos que apoiem sua posição. Você pode estar rejeitando fatos contrários a ela. Esforce-se para ser objetivo. O raciocínio motivado, a racionalização de nossas crenças e decisões do passado, quase sempre distorce os fatos.
- Fanáticos não acreditam em fatos contraditórios e evidências científicas, mesmo quando os testemunharam com seus próprios olhos.
- Sempre duvide: isso abre a mente para novas soluções. Não suponha nada.
- Determine: "Qual é o pior resultado que pode acontecer?" Muitas vezes o "pior que pode acontecer" é gerenciável.

- Probabilidades. Probabilidades. Probabilidades. Com base na sua experiência e na do seu grupo, determine uma probabilidade matemática de uma coisa acontecer ou não. O policial estaciona seu carro no mesmo ponto da rodovia três dias por semana. Qual é a probabilidade de você ser multado por excesso de velocidade? De quanto é a multa?

- Reduza em 50% seu nível de confiança naquilo que pensa que sabe. Você é um líder, sempre excessivamente confiante. O que uma pessoa sabe realmente com certeza? Não muito. Seja modesto naquilo que pensa que sabe.

- Calcule as "consequências inesperadas". Elas são escapatórias para políticos, não para CEOs. Consequências inesperadas nos negócios serão consequências reais para o CEO.

- Não torça as mãos nem se lamente. Não culpe nem acuse. Se seu antecessor, ou você, meteu o carro numa vala, chame depressa um guincho e ponha de novo o carro na estrada.

- Quando se toma uma decisão, está certo seguir seu instinto altamente aguçado, sua intuição (se você resistiu ao raciocínio motivado), e ignore o rugido da multidão. Está certo seguir os fatos, desde que você compreenda o contexto. Está certo misturar sua intuição com o lado racional da sua mente.

> **Jim Skinner (CEO, McDonald's):** "Antes de decidir, obtenha todos os pontos de vista, em especial de pessoas diferentes de você e que pensam diferentemente de você."

Larry Culp (CEO, Danaher Corp): "O melhor conselho que já recebi em tomadas de decisões é confiar no seu instinto. Sempre há um lugar importante para lição de casa, dados, análises, mas a busca pela informação perfeita ou resposta perfeita pode ser infindável e não necessariamente ótima. Gosto de mergulhar em fatos e informações, mas no final, em especial com advertências sérias, saio para uma corrida e corro até a decisão me parecer certa. Não foi isso que aprendi na escola de administração, mas meu instinto tem me ajudado muito."

Mantenha a calma em crises. Decida. Puxe o gatilho. Vá dormir. Acorde. Revise. Caso novos fatos ou informações signifiquem que uma mudança é necessária, então se anule.

21
Planeje com princípios

A Bicron Corp. é uma empresa de alta tecnologia que fabrica transformadores livres de radiação valorizados pela sua excepcional vida útil em ambientes hostis. Chris Skomorowski, CEO da empresa, treinou para comprar e dirigir uma empresa menor quando era CEO de uma empresa da lista de 1000 da revista *Fortune*. Durante seus anos de formação, a Bicron era totalmente oportunista. Ela tentava aproveitar cada oportunidade de venda que lhe aparecesse, sem a orientação ou disciplina de uma visão, um plano de negócios, uma definição de empresa. A Bicron operava cinco modelos de negócios muito diferentes, com lucros e perdas diferentes, requisitos de estoque, operações de fabricação e canais de vendas também diferentes.

Silos tinham se desenvolvido. Não havia descrições de cargos. Não havia treinamento multifuncional. Havia incerteza a respeito de onde a empresa ganhava dinheiro. A situação dos estoques parecia um arquivo de museu. A força de vendas era insuficiente. Muitos clientes eram atendidos pelo pessoal de atendimento a clientes internos e nunca haviam conhecido um funcionário da Bicron.

A Bicron era uma empresa que juntava sementes para pássaros usando luvas de boxe. Chris Skomorowski tirou as luvas.

Chris Skomorowski: "A Bicron é uma boa empresa. A gerência e a força de trabalho são excelentes. A tecnologia é assombrosa. Temos transformadores no fundo do oceano que ainda funcionam depois de vinte anos. A empresa despachou mais de um milhão de peças e nenhuma apresentou defeito. Uma tecnologia de alto interesse é aquela que chamamos de 'livre de corona'. 'Corona' é um subproduto da energia elétrica, um tipo de gás que escapa dos transformadores e corrói e destrói qualquer produto eletrônico que encontra. A 'corona' é uma causa importante de defeitos nos circuitos eletrônicos que operam turbinas e locomotivas. A Bicron é a única empresa que sabe como produzir componentes livres de corona que nunca falham. E temos o ativo mais importante em negócios: clientes grandes, de primeira classe, que são leais e estão satisfeitos."

Chris Skomorowski: "Tivemos de nos transformar, deixar de ser uma organização confusa, com muitas pontas soltas, sem um projeto de crescimento, para ser uma empresa gerenciada, dirigida. Comuniquei um conjunto de princípios de gerenciamento à equipe gerencial e ao restante da empresa. Pedi a todos que pensassem a respeito dos princípios, do que acrescentar, como poderíamos detalhá-los para que fossem relevantes e direcionais.

Depois que todos entenderam para onde eu queria que a Bicron fosse, fizemos nossa lição de casa, tivemos um retiro de dois dias, elaboramos um plano de transformação e começamos a mudar a organização em todos os lugares em que achávamos que as coisas pudessem ser melhoradas. Esses princípios guiaram nosso plano de transformação escrito:

- Responda: 'Em que negócio estamos?'
- Identifique a estratégia de crescimento.
- Mudar é bom. O que devemos mudar?
- Focalize qualidade do produto e entrega.
- Defina nossa proposição de valor. Nosso preço reflete a proposição de valor?
- Identifique tudo que devemos melhorar. Defina prioridades para os projetos.
- Estabeleça planos exatos de melhoramentos para um ano e três anos e faça revisões mensais.
- Crie uma cultura de responsabilidade pessoal realmente orientada para o cliente, onde as pessoas sejam tratadas com respeito e tolerância, e todos contribuam para o sucesso e sejam por ele compensadas.
- Invista em marketing e vendas.
- Invista em motivação.
- Elimine desperdício em tudo que fazemos: nas fábricas, nos laboratórios, nos escritórios, no campo.
- Estoques são um mal. Atrasar uma entrega é um mal. Consiga o mix correto.

- Melhor previsão.
- Alinhe a organização, o pessoal e as funções do trabalho com a estratégia.
- Ouça os funcionários. Aja depressa sobre as boas ideias. Permita que os autores das ideias as implantem quando possível.
- Gaste o dinheiro da empresa como se fosse seu.
- Premie e comemore o bom desempenho e o sucesso.
- Mantenha uma comunicação contínua, aberta, honesta de duas mãos com todos os interessados.

Esses são os princípios que usamos para elaborar nosso plano de transformação. Esses são os princípios que estamos seguindo para gerenciar nossa transformação e como iremos gerenciar no futuro. Voltamos do retiro e combinamos departamentos, mudamos relações de subordinação, repriorizamos nosso orçamento. Muitas mudanças. Muitos itens positivos."

Tenha princípios. Tenha um plano. Desenvolva o plano.

22

"263 é perfeito"

O volume médio de treinamento recebido por um novo funcionário na indústria do varejo é de sete a oito horas por ano. O giro de pessoal entre funcionários na indústria do varejo é de 120% por ano. O custo médio estimado do giro de pessoal é de pelo menos US$40 mil por pessoa por ano. Os custos do giro de pessoal incluem anúncios comunicando a vaga, recrutamento, entrevistas, verificações de currículos, treinamento, remuneração, crachás, cumprimento de um milhão de regulamentos governamentais.

Contudo, o maior custo do giro de pessoal é invisível – são as receitas perdidas. Vendas são perdidas quando o cliente é mal atendido por um funcionário que sabe pouco ou nada sobre a mercadoria. Vendas são perdidas quando há departamentos na loja sem pessoal ou com pessoal insuficiente. Vendas são perdidas quando um vendedor mal treinado comete um erro na caixa registradora. Quando um cliente sai da loja sem fazer uma compra, essa venda está perdida para sempre.

Na The Container Store, no primeiro ano os funcionários de tempo integral recebem 263 horas de treinamento, comparadas com a média do varejo. O giro de pessoal na empresa é inferior a 10% ao ano, vinte vezes menor que a média do varejo. Isso significa que a The Container Store economiza de US$1,7 a $1,9 milhão por ano em custos de giro de pessoal para cada cem funcionários que contrata. Significa que a empresa está gerando pelo menos US$2 milhões a mais em vendas por ano para cada cem funcionários do que outras empresas concorrendo no mesmo mercado.

> **Kip Tindell (CEO, The Container Store):** "Acho que o treinamento dos funcionários é o melhor investimento que fazemos. Toda vez que fazemos uma análise de custo/benefício do nosso investimento em treinamento concluímos que vale a pena levar o treinamento ao nível seguinte. Para mim, 263 horas está perfeito."

A Container Store oferece uma abordagem ao varejo baseada em soluções, em vez da venda de produtos individuais. A empresa ajuda seus clientes a poupar espaço e também tempo valioso. Cada funcionário dispõe de autoridade para resolver os problemas dos clientes e se comportar como se fosse um gerente de loja, independentemente do seu papel na loja.

> **Kip Tindell:** "Um dos nossos princípios básicos é que uma pessoa ótima é igual a três pessoas boas. Assim, por que não contratar somente pessoas ótimas? Se você contratar somente pessoas ótimas, os funcionários ganham porque recebem duas vezes mais que receberiam em

outras empresas de varejo. A empresa ganha porque está obtendo uma produtividade três vezes maior em troca de uma folha de pagamentos duas vezes maior. O cliente ganha porque recebe um atendimento incrível de funcionários entusiasmados e bem treinados. Nossos funcionários se orgulham furiosamente da sua empresa e raramente saem. Essa é uma estratégia vitoriosa."

Agora você sabe o que Kip quer dizer quando afirma que "263 é perfeito".

23

Dolarizar ou morrer

"Dolarização" significa benefícios para produtos e reivindicações de dinheiro; do retorno econômico que o cliente irá receber depois de investir no produto. A dolarização orienta os comerciantes na precificação de novos produtos e na aplicação de soluções para o valor, e não precificar para obter uma porcentagem visada de margem bruta ou para "enfrentar a concorrência". A dolarização permite que as empresas reduzam o risco de elevar preços e obtenham aumentos líquidos de preços positivos. A dolarização é uma estratégia de vendas eficaz para superar a objeção do consumidor que diz: "Seu preço é alto demais." A dolarização é uma ferramenta para fazer com que os clientes experimentem o produto, busquem referências a seu respeito e peçam uma experiência ou demonstração do produto. A dolarização protege inovação, criatividade e pesquisa. Ela maximiza os retornos das empresas sobre inovações e investimentos.

O que sabe o cliente depois de ler ou escutar que seu produto "dura mais tempo", "reduz custos com energia" ou é "mais confiável"? Ele não sabe nada. Nada. Zero. Tudo que ele conhece é o seu preço e, provavelmente, os preços de todos os produtos concorrentes. Ele não conhece os fatos, as provas das alegações. Precisa ser treinado para conhecer o verdadeiro valor em dólar do seu produto para poder decidir com bom senso.

Na ausência da dolarização, vence o preço baixo. Na ausência da dolarização, a empresa perde a venda. Na ausência da dolarização, todos os investimentos em raciocínio, engenharia e marketing para comercializar a inovação são perdidos. A inovação morre ou nunca atinge seu potencial de lucro.

Estudo de um caso real

O cliente solicita um mancal para um condicionador de ar que sua empresa vende para construtores de trailers. Ele está avaliando dois mancais que satisfazem suas especificações técnicas. Um deles, um mancal simples de metal, é vendido por um dólar, que é seu principal ponto de venda. O segundo mancal é vendido por US$4,00 e afirma que é "autolubrificante e tem maior durabilidade". O cliente precisa de 100 mil mancais, o que significa que existe uma diferença de preço de US$300 mil entre os dois. A empresa do mancal mais caro dá uma garantia de cinco anos para seus clientes. O cliente vende para cinco fabricantes de trailers. Que mancal ele deve comprar?

Dolarização

O mancal simples de metal depende do seu baixo preço para efetuar a venda e veicula sua lista de preços e literatura técnica na internet. A empresa do mancal autolubrificante envia um vendedor, aquela rara espécie de vendedor que doláriza e faz tocar a campainha da caixa registradora, a despeito dos tempos difíceis. Usando perguntas criteriosas, o vendedor ajuda o cliente a compreender que pelo menos 5% dos mancais simples de metal irão se estragar antes que se passem cinco anos e que talvez 1% ou 2% dos mancais autolubrificantes se estraguem. Isso significa que um número líquido de 3% a 4% de mancais se estrague antes de cinco anos, caso sejam usados os mancais simples de metal. Uma porcentagem líquida de 4% significa 4 mil reclamações com base na garantia em cinco anos. O custo médio por garantia é de US$400 em peças de reposição, mão de obra, tempo de máquina parada e deslocamento. Assim, o mancal simples de um dólar custa na verdade US$100 mil para a compra inicial de mancais, mais US$1.600.000 em custos de garantia (4 mil reclamações x $400 por reclamação), para um custo total de US$1.700.000.

O mancal autolubrificante irá custar US$400 mil para o investimento inicial em mancais mais até US$800 mil em custos de garantia, para um custo total em cinco anos de US$1.200.000. Assim, o valor líquido dolarizado do mancal autolubrificante para o cliente é de pelo menos US$500 mil, valor que não inclui o custo da propaganda boca a boca negativa nem a perda de receitas quando os fabricantes de trailers prejudicados mudarem de marca de condicionador de ar na sua próxima compra.

O vendedor encoraja o cliente a realizar testes comparativos de panes com ambos os mancais.

Os vendedores de produtos de preços altos sabem que devem educar seus clientes para o valor econômico total de seus produtos. Eles dolarizam para superar a objeção final sobre o preço, a preocupação do cliente a respeito do preço mais alto. Não vendem produtos ou serviços, tecnologia ou experiência, características ou benefícios. Vendem o valor dolarizado que o cliente obtém do produto.

O vendedor de mancais não vendeu um modelo autolubrificante, mas sim dinheiro. Ele vendeu o valor econômico recebido pelo fabricante de condicionadores de ar. Ele dolarizou. Ele vendeu US$500 mil.

Arunas Chesonis (CEO, PAETEC): "Na PAETEC, nossos vendedores mostram aos clientes como podemos melhorar suas empresas. Esse melhoramento pode ser dolarizado. Quanto maior o valor dolarizado da nossa solução para nossos clientes, mais dinheiro ganham nossos vendedores, mais ganha a PAETEC e mais longa se torna nossa relação de motivação econômica com nossos clientes."

Dan Warmenhoven (presidente executivo, NetApp): "Nenhuma corporação quer gastar dinheiro com TI, que é o que vendemos. É claro que elas precisam de TI, mas as empresas veem essa despesa como custo indireto. Então, o que fazemos na NetApp é reduzir o custo total de operações dos clientes. Uma cliente, uma grande empresa de telecomunicações, ficou sem espaço e teria de enfrentar um investimento de US$8 milhões na construção de um novo centro de dados. A solução da NetApp foi modernizar aquele que eles já tinham. Reduzimos o número de servidores de 3 mil para 130, liberando espaço, ao valor de US$50-$100 por metro quadrado, e poupando energia. Economizamos dinheiro para eles em todas as categorias. Eliminamos 8 mil comutadores, dois megawatts de energia. O valor dolarizado das economias é superior a um milhão de dólares por ano, além de eles não terem precisado gastar US$8 milhões no novo centro de dados. Se o custo de capital deles é de 15%, a NetApp economizou mais US$1,2 milhão por ano."

Chris Jones (CEO, Microcare Corp.): "Vendemos produtos de alta qualidade a preços condizentes. Precisamos dolarizar. Por exemplo, um dos nossos produtos custa duas vezes mais que o da concorrência, cerca de US$40 a unidade. Ajudamos nossos clientes a calcular o custo verdadeiro, o quantitativo real e o valor matemático do nosso produto de preço mais alto. A Microcare limpa 100% das suas peças, 100% do tempo. Os concorrentes limpam somente 70% das peças. Quanto custa ao cliente relimpar 30% das suas peças? Quanto custa despachar uma peça suja e recebê-la de volta? Nosso 'preço mais alto' sempre é o custo mais baixo."

Sempre existe alguém que oferece um produto parecido com o seu a um preço menor. Se você não dolarizar sua proposição de valor, irá perder vendas sem necessidade. Se você depende de ditados como "reduz o consumo de combustível" para vender seus produtos, irá perder para a empresa que diz:

"ABC Widgets reduz o consumo de combustível em um galão por dia, economizando US$900 por ano."

Perca vendas demais, e o produto morre.

Dolarizar ou morrer.

24

Sempre avalie pelo valor

Quando se trata de avaliar o preço de um produto ou serviço, não importa quanto custa fazer o produto ou prover o serviço. Se você faz um produto por US$0,10 e ele vale um dólar, então o preço deverá ser um dólar. Se o custo para fazer o produto é US$2,00 e seu valor é de US$1,99, esqueça o produto. Se o produto de US$1,99 é novo, não o lance.

O fator isolado de lucratividade mais importante é o preço. Em média, um aumento líquido de 1% no preço eleva o lucro operacional líquido em 10% a 12%. Um corte de 1% no preço reduz a lucratividade em 7% a 9%. Assim, se você elevar o preço de um produto de US$100 para $101, elevará o lucro líquido em cerca de 11%. Se o preço de venda do seu produto é de um dólar e seu vendedor lhe implorar que corte o preço para US$0,99 – "É só um centavo!" – e você concordar, estará reduzindo em 8% seu lucro operacional líquido. (Revise os números da sua linha de produtos para determinar o impacto do preço sobre seu lucro.)

Avaliar pelo valor significa que o vendedor deve conhecer o valor dolarizado do produto para o cliente. O vendedor deve conhecer o verdadeiro valor das ofertas dos concorrentes. Ele deve saber qual segmento do mercado pode pagar pela inovação ou pelas características únicas do produto.

Ayn LaPlant (CEO, Beekley Corp.): "Nosso primeiro marcador de mamografias era do tamanho BB. Os clientes disseram que pagariam um centavo pelo produto. Mas nós conhecíamos o valor do marcador. Ele economizava tempo do radiologista e reduzia o número de 'voltas para repetição da radiografia', temidas pelas mulheres e suas famílias. Além disso, melhorava os diagnósticos. E nosso produto iria salvar vidas, possibilitando a detecção precoce de um câncer ou tumor em potencial. Cobramos por aquele marcador um dólar, cem vezes mais do que o sugerido pela nossa pesquisa. Colocamos preço pelo valor."

Arunas Chesonis (CEO, PAETEC): "Decidimos desde o início que a PAETEC seria uma fornecedora nacional, mas focalizada num nicho onde pudéssemos prover um valor tangível, com uma linha de produtos avaliada de forma a refletir esse valor. Nosso segmento alvo é composto por empresas de portes grande e médio. Operamos com 46 mil empresas em 85 dos cem maiores mercados geográficos dos Estados Unidos. Nossa estratégia de nicho com preço de acordo com o valor está funcionando. Em dez anos, as receitas cresceram de zero a US$2 bilhões."

Charles Lanktree (CEO, Eggland's Best): "A Eggland's Best produziu um ovo melhor e mais saudável. Calculamos que os consumidores davam um alto valor à sua saúde. Temos o mais alto custo de conteúdo. Produto melhor, preço mais alto, melhor valor. Os consumidores sentem que nosso preço mais alto é válido, enquanto crescemos a uma taxa de dois dígitos todo mês. Nossos varejistas gostam do nosso preço. Eles ganham muito mais dinheiro com uma dúzia de ovos EB do que com os outros ovos. Como estamos crescendo, as lojas vendem os ovos EB mais depressa, aumentando seus lucros. Os gerentes das lojas nos dizem que a EB é um dos itens mais lucrativos deles. Nossos fornecedores ganham mais dinheiro. Colocando preço de acordo com nossa inovação — um ovo melhor —, todos os membros da cadeia de suprimento enriquecem."

Quando for definir preços, considere se seu produto é ou não capacitante. Caso ele seja o único a possibilitar que um cliente faça algo como eliminar um problema de manutenção, ele vale uma parcela daquilo que custaria ao cliente efetuar o reparo. Caso elimine vazamentos do fluido hidráulico, seu produto vale uma porcentagem do valor do fluido economizado. Caso seu produto possibilite que um cliente melhore os produtos dele, o que leva a receitas maiores para ele, o preço do seu produto deverá ser colocado de forma a refletir uma parte dessa receita adicional.

Calcule as consequências econômicas para seus clientes; o dinheiro que irão perder se não tiverem seu produto ou serviço. Essa consequência é o valor dolarizado do seu produto e deve ser avaliado de forma a refletir esse valor.

Avalie de acordo com o valor e aumente seus lucros.

25

Venda. Venda. Venda.

O executivo transformador sabe que a empresa irá fazer aquilo que ele faz. Ele sabe que conquistar e manter clientes lucrativos é a mais valiosa das missões de marketing. O executivo transformador quer todos os funcionários empenhados em servir ao cliente e quer todos ligados, direta ou indiretamente, ao aumento de receitas. Assim, o executivo transformador visita clientes, faz visitas de vendas aos prováveis clientes, reúne-se com os vendedores e senta-se na primeira fila nos encontros de vendas.

Pat McGovern (fundadora e presidente do conselho, International Data Group [IDG]): "Saia e converse com compradores em potencial dos seus produtos e serviços para se certificar de que existe uma necessidade que você pode realmente satisfazer. Se você encontrar uma boa necessidade para satisfazer, o resto virá naturalmente."

Joseph Taylor (CEO, Panasonic North America): "Nos meus primeiros cem dias como CEO, vivi virtualmente num avião. Visitei todos os maiores clientes; todos os nossos parceiros de canal e todos os maiores fornecedores. Conheci centenas de pessoas enquanto cruzava o país. Fiquei sabendo do que nossos clientes gostam e não gostam a respeito da Panasonic e o que eles irão querer no futuro. Acredito que todos os funcionários da Panasonic sabem que me importo com nossos clientes."

AJ Khubani (fundador e CEO, TeleBrands): "Eu queria vender nossos produtos em lojas de varejo e não apenas na televisão. Isso significava fazer com que os varejistas comprassem e promovessem os produtos. É claro, visitei primeiro as maiores lojas varejistas. Rejeição total. Os compradores não falavam comigo. Eu não conseguia nem mesmo que atendessem minhas ligações. Ouvi um "não", de várias formas, pelo menos cinquenta vezes. Mas fui persistente porque sabia que nossos produtos poderiam ser vendidos em lojas, dando muitos lucros aos varejistas. Finalmente, consegui marcar hora com um pequeno varejista de New Jersey e depois visitei a Herman Sporting Goods. O sujeito tinha fortes objeções à venda de óculos de sol AmberVision. 'Sua empresa tem somente um produto. Sua embalagem é feia. Você vende diretamente aos consumidores. Nós vendemos diretamente aos consumidores. Você é um concorrente. Não sabe nada a respeito de vendas no varejo.' Olhei para ele e disse: 'Você tem razão, nada sei a respeito de varejo, mas você sabe. Se você vendesse meus óculos, não seríamos concorrentes, mas parceiros. Por que você não tira proveito da enorme consciência de marca criada pelos nossos comerciais de TV e faz uma tentativa? Por que não faz um teste com mil pares de óculos?' E então esperei longamente pela resposta. Com relutância, ele finalmente resmungou: 'Ficaremos com seiscentos pares e, caso não vendam, serão devolvidos.' Na primeira semana foram vendidos trezentos pares. E estávamos a caminho de vender em lojas varejistas. O 'sim' da Herman venceu cinquenta negativas."

Chris Jones (CEO, Microcare Corp.): "Posso ser CEO, mas na verdade sou um vendedor. Herdei do meu pai, que era um grande vendedor, um fichário de clientes e prováveis clientes. Hoje a Microcare é uma empresa internacional. Minha função é promover inovações em tudo que fazemos, inclusive novos produtos, e me certificar de que nunca iremos parar de visitar os clientes, sempre ouvindo o que eles têm a dizer e nunca deixemos de vender. Considero meu segundo em comando nosso chefe de vendas. O presidente da Microcare Ásia é um vendedor. Nosso vice-presidente de P&D é um vendedor. Ele deve conversar com os clientes para descobrir de que eles necessitam. Nossa vice-presidente de RH vende. Ela vende talento ao vir trabalhar conosco. Nossa diretora de marketing é uma vendedora. Ela vende para nossos distribuidores, nossos clientes. Quando um cliente visita uma das nossas fábricas, espero que cada funcionário lhe dê boas-vindas e venda (ou revenda) a ele, oferecendo a hospitalidade da Microcare."

O executivo transformador acredita que, se o cliente não faz negócios com ele nem com sua empresa, então ambos perdem. Os executivos transformadores não gostam de perder. E estão sempre vendendo.

Nunca deixe de vender. E contrate grandes vendedores.

Treine continuamente seus vendedores e gerentes de vendas para melhorar a eficiência de vendas (tempo cara a cara com os clientes) e a eficácia (fechar vendas com menos visitas).

26
Seja um construtor de marcas ousado

As marcas são, com frequência, os ativos mais valiosos de uma empresa. As marcas Coke e Coca-Cola valem mais que todas as máquinas, equipamentos e engarrafadoras da Coca-Cola Company. As empresas de bens de consumo embalados sempre souberam o valor das marcas. Os profissionais de marketing de empresa a empresa estão começando a compreender a alavancagem econômica e a vantagem gerada por uma marca forte.

Marcas são promessas. (Por exemplo, a da Honest Tea: "Chá de Verdade. Sabor de Verdade. Honesto." Ou da Campbell Soup: "M'mm M'mm Bom. M'mm M'mm Bom. É isso que as Sopas Campbell São: M'mm M'mm Bom.") Quando o proprietário da marca cumpre o que promete, conquista clientes leais, propaganda boca a boca positiva e custos reduzidos de marketing para conseguir novos clientes.

Normalmente as marcas fortes são líderes em participação de mercado. As marcas com altas participações em seus segmentos-alvo costumam ser as mais lucrativas. A consciência de marca positiva pode valer um aumento de 7% no preço com base exclusivamente na marca.

Shelly Lazarus (presidente do conselho, Ogilvy & Mather): "O esforço de marketing mais importante é a construção de marcas. Marcas geram vendas e conquistam participação de mercado. Existem inúmeras maneiras de construir uma marca: a aparência da embalagem; a maneira de atender o telefone; a maneira pela qual são tratadas as reclamações dos clientes; a aparência da loja e do showroom; a aparência dos carros de entregas da empresa e a maneira pela qual são dirigidos. Os maiores defensores da maior marca de qualquer empresa são as pessoas que lá trabalham. Elas são os prosélitos e vestem a camisa e o boné com o logo da empresa. Elas podem ser a incorporação da marca. Muitas vezes os líderes não dão atenção ao público interno. Porém, o executivo transformador entende perfeitamente essas dinâmicas de marca entrelaçadas."

Dan Amos (CEO, Aflac): "Uma das funções principais do CEO é construir e proteger a marca. Isso significa em parte que qualquer pessoa ligada à Aflac faz parte da nossa marca. Assim, nossos funcionários e agentes sempre devem se comportar de forma apropriada e ser extremamente éticos. Não tolero nada que possa, de qualquer maneira, manchar nossa marca, que é a imagem da empresa."

Daniel Lamarre (CEO, Cirque du Soleil): "Nossa marca são nossos shows, que são maravilhosamente criativos. Quando protegemos seus criadores, estamos protegendo nossa marca. Estamos sempre monitorando nossos clientes: o que pensam da nossa marca; como eles a veem e quais são suas expectativas a respeito dela."

Seth Goldman (CEO, Honest Tea): "Queríamos criar uma marca que significasse algo para as pessoas. Criamos uma marca que defende saúde, uma vida holística, para o aperfeiçoamento da sociedade e do meio ambiente. Nossa marca é 'Honesto'. Nosso ethos é honestidade."

Jim McCann (CEO, 1-800-Flowers): "Nossa marca também é nosso número de telefone, nosso endereço na internet e nossa promessa de dar um sorriso para nossos clientes, mesmo quando eles fazem pedidos no último minuto possível. Precisamos ser vigilantes quando o assunto é nossa marca – como nos comportamos em todos os aspectos do nosso negócio e com todos os nossos públicos."

Joe Grano (ex-CEO, UBS Paine Webber; CEO, Centurion Holdings LLC e produtor do espetáculo de *Jersey Boys*): "Não preciso me preocupar se o elenco de *Jersey Boys* irá apresentar um desempenho abaixo da média. O show é sobre eles! As letras, as músicas e o enredo constituem a promessa de marca do show. O público nunca fica desapontado."

Marcas constroem receitas. Marcas constroem patrimônio líquido. Marcas são ativos. As boas marcas sobrevivem à gerência, se estendem por gerações. Construa grandes marcas de forma ousada. Construa seu negócio.

27

Conte histórias

Muitas pessoas se lembram melhor de lições aprendidas ouvindo ou lendo histórias do que estudando livros didáticos empoeirados. Antes da impressora de Gutenberg (1455), os seres humanos mantinham suas culturas e educavam suas crianças contando histórias (e fazendo arte). O contador de histórias e o poeta eram celebridades da tradição oral. Livros e pergaminhos eram raros e dispendiosos. Não é de surpreender que o primeiro livro "produzido em massa" de Gutenberg tenha sido a Bíblia, ela mesma uma coleção de histórias.

O Ritz-Carlton Hotel espera que todos os funcionários façam o que for preciso para tornar a experiência dos hóspedes tão memorável e satisfatória que os faça voltar e contem aos outros que também venham ao hotel. Essa expectativa está no centro da cultura do Ritz-Carlton, de "satisfação dos hóspedes acima de tudo". Para manter essa cultura, para conservá-la na frente da mente e melhor comunicar o que se espera dos seus funcionários, o Ritz-Carlton conta histórias, histórias de "uau".

Às segundas e sextas-feiras, todas as semanas do ano, em cada hotel Ritz-Carlton ao redor do mundo, os funcionários se reúnem para compartilhar "Histórias de Uau". Essas histórias comunicam, treinam e ilustram a ética do Ritz-Carlton para cuidar dos seus hóspedes.

Simon Cooper (ex-presidente, Ritz-Carlton): "As 'Histórias de Uau' falam a respeito das grandes coisas realizadas por nossas damas e nossos cavalheiros. Adoro nossas 'Histórias de Uau'. Elas reconhecem as pessoas que se destacam. Mais importante, mostram às pessoas, ou as fazem lembrar, os tipos de comportamento que apoiamos e que trazem repetidamente nossos clientes de volta."

Simon Cooper: "Nossas 'Histórias de Uau' são surpreendentes. Uma ou duas vezes por mês, um funcionário bem treinado da segurança do Ritz-Carlton salva a vida de um hóspede em alguma parte do mundo. Um garçom no Dubai Ritz ouviu por acaso um senhor e sua mulher, que era cadeirante, comentando no jantar que era uma pena ele não poder levá-la à praia para um jantar ao pôr do sol. O garçom contou o caso ao pessoal da manutenção. Estes o contaram ao gerente de alimentos e bebidas. Todos se reuniram e na noite seguinte havia uma passarela de madeira até a praia, terminando numa tenda privada com uma mesa posta para dois. O pessoal de serviço incluía pessoas para ajudar a conduzir a cadeira de rodas da senhora até a tenda. Um jantar para dois à luz de velas na praia de Dubai. Isso é um 'uau'. Quantos hóspedes em potencial foram direcionados para o Ritz-Carlton por aquele casal?"

A 1-800-Flowers é famosa pelo atendimento excepcional ao cliente. Ela não só entrega no horário no Dia dos Namorados, no Dia da Secretária e no Dia das Mães, mas também ajuda a dizer "Feliz Aniversário" a 380 mil pessoas todos os dias do ano. Jim McCann é fundador e CEO da 1-800-Flowers.

Jim McCann: "Além de desenvolver programas para ensinar aos novos funcionários o que queremos dizer com ter uma 'equipe gentil, obcecada com atendimento', também treinamos continuamente nossos veteranos, sempre lembrando de definir metas, medir e premiar o desempenho. Um dos nossos melhores instrumentos de ensino é nosso 'Livro de Legendas'. Trata-se de um conjunto crescente de volumes cheio de cartas que recebemos de clientes agradecendo a um funcionário pelo atendimento extraordinário. Essas cartas são exemplos da vida real do que esperamos, amamos e recompensamos. Também pedimos que os funcionários escrevam suas histórias de engajamento de clientes para outro livro que mantemos. Se um dos funcionários se sente feliz, inspirado por alguma coisa que fez para um cliente, ele é encorajado a escrever-me uma carta. Todas as cartas são lidas e respondidas. Nossos 'Livros de Legendas' já são legendários em nossa empresa."

A melhor empresa contadora de histórias do mundo é provavelmente a maior organização da qual poucas pessoas ouviram falar. A Sodexo Health Care tem receitas de US$3,2 bilhões e 65 mil funcionários. Ela é uma divisão da Sodexo Inc., sediada em Paris, que tem mais 130 mil funcionários em todo o mundo. A Sodexo Health Care prepara e serve as refeições e administra instalações para hospitais, escolas, universidades, sanatórios e comunidades de aposentados. E Pat Connolly, presidente da Sodexo Health Care, conhece o valor das histórias.

Pat Connolly: "A Sodexo oferece serviços para a qualidade de vida. Estamos decididamente empenhados em melhorar a qualidade de vida dos pacientes em hospitais, os idosos em sanatórios e todas as outras pessoas com quem nos relacionamos. Vemos os pacientes como nossos clientes e não o hospital que nos paga. Minha função é garantir que cada um dos nossos 65 mil colegas está totalmente ligado à qualidade de vida dos clientes que ele vê todos os dias. Mantenho e promovo nossa conexão com a qualidade de vida contando histórias."

Pat Connolly: "Não me importo com hierarquia e gerência multicamadas. Tenho fóruns abertos o ano inteiro, onde visito nosso pessoal que tem contato, atende e conversa com nossos clientes. Os fóruns costumam ter 15 pessoas. Apareço sem acompanhantes e conto histórias sobre desempenhos notáveis de colegas nossos. Ouço suas preocupações e ideias para melhorar nossos serviços, nossa empresa. Respondo diretamente a qualquer pergunta. Todo funcionário, não importando seu cargo, pode me procurar com problemas, sem temer consequências. Algumas das nossas melhores ideias provêm dessas visitas."

Pat Connolly não só conta histórias, mas também as coleciona. Ele encoraja funcionários e gerentes a lhe enviar histórias. Ele recebe cerca de 350 por mês. No fim do ano, as cinco ou seis melhores histórias são comemoradas num encontro anual. Nesse encontro, o funcionário e seu cônjuge são VIPs. "Gosto de contar essas histórias e muitas outras em toda a empresa", disse Pat Connolly.

Pat Connolly: "Deixe-me contar algumas histórias da Sodexo que ilustram nossa cultura. Há num dos sanatórios um senhor idoso que não consegue mais fazer aquilo de que gostava, que era dirigir todo domingo até sua sorveteria favorita. Então hoje, todos os domingos, nossos funcionários vão até a sorveteria e lhe trazem sorvete. Melhor qualidade de vida."

"Uma comunidade de aposentados tem um bufê uma noite por semana, do qual os residentes gostam muito. Alguns deles têm dificuldades para ficar na fila, encher a bandeja e voltar em segurança para sua mesa. Então introduzimos um 'bufê rolante'. Levamos o bufê até as mesas dos clientes. Eles podem fazer opções, sem risco algum. Nós lhes devolvemos a dignidade. Divulgamos a ideia do 'bufê rolante' a todo o país."

"Uma garotinha estava hospitalizada recuperando-se de uma cirurgia. Não se sabe como, ela perdeu seu ursinho de pelúcia. Procuramos por toda parte e nada. Temos 26 lavanderias enormes para limpar e fornecer roupas de cama e uniformes a hospitais. Nossa zeladora pensou que talvez o ursinho estivesse oculto na roupa de cama e chamou o gerente da lavanderia. Ele e seus colegas passaram horas examinando centenas de milhares de quilos de lençóis e fronhas. Eles encontraram o ursinho, consertaram e limparam e o devolveram à garotinha. Nossa compensação? Apenas um sorriso."

Pat Connolly: "Quando os tornados destruíram Joplin, Missouri, os funcionários da Sodexo pegaram voluntariamente seus carros e pick-ups, foram até Joplin e fizeram aquilo que fazemos melhor. Prestamos assistência e melhoramos a qualidade de vida das pessoas.

"Aquela famosa história de caminhões repletos de água engarrafada chegando a Nova Orleans depois do furacão Katrina? É uma história da Sodexo."

Legh Knowles, CEO (aposentado) da Beaulieu Vineyard em Napa Valley, era famoso por suas histórias sobre vinhos da BV sendo servidos na Casa Branca, como presentes a reis e rainhas, como os favoritos de Joe DiMaggio e Marilyn Monroe. "Se eu não contar as histórias da Beaulieu", disse Legh, "pode apostar que nossos concorrentes também não irão fazê-lo."

Conte histórias. As pessoas gostam delas. Seu pessoal adora estar nas suas histórias. As pessoas se lembram de histórias.

28
Cuidado com sua lista do que fazer

Sempre há um senso de satisfação quando você faz um risco sobre uma tarefa na lista de coisas a fazer. Essa é uma das razões pelas quais essas listas viciam os gerentes ocupados. Mas elas não substituem o desempenho. O fato de ter eliminado vinte itens da sua lista de coisas a fazer não significa que você fez algo de importante. Listas de verificação são com frequência críticas, como os protocolos anteriores a voos e cirurgias. Projetos importantes, relacionados de forma democrática com cinquenta outros itens de uma lista típica de coisas a fazer, não são realizados. "Resumo" significa uma lista de três a oito projetos prioritários. Trabalhar em coisas demais significa que poucas serão terminadas ou terminadas bem. Trabalhar nas coisas erradas é um desperdício total.

Steve Jobs (CEO, Apple) trabalhava somente em seis a oito projetos por vez. Sua lista incluía iniciativas triviais como criar o Mac, lançar o iPhone, lançar o iPad, abrir a Apple Stores, lançar o iTunes e transformar a indústria da música. A única Lista dos 10 Mais que já teve estava em seu iPod.

Calin Rovinescu foi nomeado CEO da Air Canada em 1º de abril de 2009. A empresa estava à beira da falência. Treze meses depois, a Air Canada foi eleita a empresa aérea número um da América do Norte. A empresa voa para 175 destinos, tem 26 mil funcionários, 29 mil aposentados e transporta 33 milhões de clientes por ano. Apesar de tanta complexidade e da situação desesperada por ocasião da entrada de Rovinescu como CEO, ele tinha somente quatro itens na sua lista de coisas a fazer.

> **Calin Rovinescu:** "Com o porte da nossa empresa, quatro prioridades não parecem demais, mas eu queria que toda a organização e todas as pessoas focalizassem apenas quatro coisas."

Lista de coisas a fazer de Calin Rovinescu:

1. Cortar US$500 milhões em custos da empresa, sem cortar salários ou benefícios dos funcionários.
2. Refazer o compromisso com o cliente.
3. Explorar a marca da Air Canada em mercados internacionais.
4. Mudar a cultura de uma mentalidade de estatal para a de uma empresa ágil e empreendedora.

> **Anne Mulcahy (CEO, Xerox, hoje presidente do conselho da Save the Children):** "Certa vez, uma pessoa me deu um bom conselho. Ela me disse para não ter mais de três objetivos. Isso não significa que não há muitas outras

coisas acontecendo em grandes e complexas empresas globais. Mas, quando você quer que as pessoas tenham foco, precisa dar prioridades que elas possam gerenciar. Três."

É preciso ter objetividade para selecionar as três certas para oito projetos. Cada um dos projetos tem de ser essencial para mudar a empresa e fazê-la crescer. Cada projeto precisa estar amarrado ao objetivo central da organização. É preciso ter determinação para não buscar o glamoroso; para deixar de lado a ideia agressiva de um membro do conselho para um novo produto; para prosseguir com aquela aquisição "que não poderia ser melhor".

Trabalhe somente em três a oito projetos de alta prioridade.

Não se desvie da sua lista do que fazer. Mantenha um resumo em seu bolso. Sua lista deve ser indelével na sua mente e nas mentes de todas as pessoas na organização.

29

Oitenta por cento é muito

"Conseguir tudo" não é uma missão válida. Conseguir tudo pode parecer um grito de guerra, mas isso não é realista, quase nunca é alcançado e nunca vale o custo marginal dos últimos pontos. Conseguir tudo é agressivo, machista etc., mas como meta ou princípio gerencial é uma falácia.

Realizar 80% de uma meta de negociação, de uma meta de redução de custos, de uma meta de participação de mercado, dificilmente é um mau resultado. Para ilustrar, os gerentes de vendas e o pessoal de salários estão constantemente tentando elaborar um plano perfeito de compensação da força de vendas. Mas quando há mais de uma pessoa participando desse plano, ele torna-se imperfeito. Sempre haverá preocupações a respeito de quem fez a venda ou quem contribuiu para ela. Haverá fofocas a respeito de divisões da comissão, da propriedade da conta, diferenças no potencial do território e assim por diante, pois os vendedores são peritos em descascar, desequilibrar e fatiar planos de compensação. Aponte para um plano de compensação 100% perfeito, mas aceite 80% ou 90%. Depois de conseguir os 80%, negocie os valores discrepantes.

Calin Rovinescu (CEO, Air Canada): "Muitas pessoas querem ir até o último centavo. Elas querem 100% de sucesso. Minha versão da regras 80/20 é que 'se obtiver 80% daquilo que quero ficarei satisfeito. Se conseguir 80% daquilo que quero em uma negociação trabalhista, provavelmente será um bom resultado'."

Dick Pechter (CEO, Pershing, aposentado): "Um segredo para se conseguir um acordo negociado de sucesso e duradouro é deixar mais dinheiro na mesa para o outro sujeito. Você pode conseguir o último centavo. Pode até merecê-lo. Mas esse centavo não vale a pena."

Ken O'Keefe é treinador da equipe de futebol americano da Universidade de Iowa. Ele diz aos seus atacantes que eles não precisam marcar pontos em todas as jogadas. Eles devem agir como executivos e "obter um pequeno lucro em cada jogada".

Conseguir 80% de muitas negociações é uma contagem positiva.

Andrew Carnegie estava no leito de morte. Alguém lhe perguntou: "Você é o industrial mais famoso de todos os tempos. Qual é o segredo do seu sucesso? Você tem uma lição para a posteridade?"

Andrew Carnegie respondeu: "Encha a cesta do outro sujeito até a boca. Daí em diante, ganhar dinheiro passa a ser uma proposição fácil."

30
Um corte de custos de US$700 bilhões

Henry Kaiser foi um dos maiores construtores dos Estados Unidos. Construiu pontes, represas, canais. Foi o maior construtor de navios da Segunda Guerra Mundial. Ele era previdente e esclarecido a respeito dos serviços de saúde para os milhares de funcionários da sua empresa. Manter os trabalhadores na ativa e saudáveis é uma forma inteligente de fazer negócios. Um trabalhador preocupado com a doença de um filho não tem uma produtividade normal. Reduzir a quantia paga por serviços de saúde aos aposentados baixa custos, tornando as empresas mais competitivas. Kaiser construiu outra estrutura permanente, denominada Kaiser Permanente, um grupo de clínicas e hospitais, que contam com equipes de médicos e enfermeiras para prestar serviços preventivos de saúde, além de tratamento de doenças e da dor.

O conceito de equipe médica era novo na década de 1940 e ainda é hoje. A Kaiser Permanente é uma organização de prestação de serviços de saúde com 36 hospitais, quase 9 milhões de membros, cerca de 180 mil funcionários com receitas superiores a US$47 bilhões. George Halvorson é o CEO.

George Halvorson: "Henry Kaiser era de fato transformador. Minha função é continuar transformando, continuar nos adaptando às mudanças nas necessidades e regras, para manter a cultura da Kaiser sensível e dedicada à nossa missão."

George Halvorson: "Os Estados Unidos gastam todos os anos US$2,7 trilhões com serviços de saúde e esse total está crescendo. Estou convencido de que o modelo da Kaiser, combinado com as outras práticas comprovadas para redução de custos, poderá reduzir esse custo anual em US$700 bilhões, equivalentes ao assim chamado 'plano de estímulo'. Hoje o sistema de compensação da indústria de serviços de saúde, pelo qual os prestadores são pagos, foi concebido de forma perversa, para criar recompensas financeiras construídas em torno de más opções para o paciente. Quase não há no sistema incentivos financeiros para que os médicos façam um trabalho melhor de prevenção de ataques cardíacos, colapsos renais e derrames. Os pacientes doentes geram as receitas. Na América, três quartos dos custos dos serviços de saúde se referem a pacientes com doenças crônicas. Oitenta por cento dos custos são gastos com 10% dos pacientes.

"A prevenção é a grande oportunidade para redução de custos."

George Halvorson: "A diabetes é a doença de mais rápido crescimento na América. De todo o custo do Medicare,

32% vão para pacientes diabéticos. Essa doença é essencialmente evitável. E somente 8% dos casos de diabetes são diagnosticados cedo o suficiente para evitar problemas de alto custo como colapso renal. Aumente o diagnóstico preventivo para 80% e reduziremos em 50% os casos de colapso renal. Esse é um dos muitos cenários corrigíveis.

"Eis aqui um exemplo específico de como o conceito de equipes médicas da Kaiser Permanente corta custos. Fixamos uma meta de reduzir pela metade o número de nossos pacientes idosos que sofrem fraturas ósseas. Identificamos os pacientes de alto risco e implantamos nossa abordagem de trabalho em equipe. O resultado: uma redução de 47% nos casos de fraturas. Prevenção é muito dinheiro."

Henry Kaiser sabia que a prevenção de doenças reduzia os custos, o custo dos serviços de saúde e que a prevenção aumentava as receitas elevando a produtividade dos trabalhadores.

Uma redução de US$7 bilhões por ano é um caso sério.

31
Olhe para os números

O executivo transformador espera que suas empresas, em comparação com as empresas comuns, invistam mais no atendimento aos clientes, na contratação e no treinamento de pessoal, em todos os elementos das suas estratégias vitoriosas. Aqui estão alguns números esclarecedores:

1. **45.000** O número de testes de qualidade realizados pela Eggland's Best todos os anos, comparados com os 300 a 400 realizados por todos os produtores de ovos combinados. Charlie Lanktree é o CEO.

2. **47** A porcentagem de pacientes de alto risco que não sofrem fraturas porque são membros da Kaiser Permanente e se beneficiam com os protocolos inovadores de serviços de saúde da Kaiser. George Halvorson é o CEO.

3. **70** A porcentagem de dias por ano em que Lynn Tilton, CEO da Patriarch Partners, viaja até os clientes e empresas associadas. A Patriarch poupou mais de 250 mil empregos americanos.

4. **60.000** O número de funcionários que a AT&T Mobility fundiu em apenas 19 dias. Ralph de la Vega é o CEO da empresa.

5. **12.371** O número de pessoas que se apresentaram para ser a nova voz do Aflac Duck, um golpe de publicidade. Dan Amos é o CEO.

6. **2** Porcentagem de candidatos a cargos que acabam contratados pelo Ritz-Carlton. Simon Cooper é ex-presidente.

7. **1.000** Número de funcionários da General Mills que fazem trabalhos voluntários por tempo considerável para outras pessoas e para suas comunidades. Ken Powell é o CEO.

8. **3.000** Número de histórias extraordinárias de "melhorar" as vidas de clientes que os funcionários da Sodexo Health Care apresentam, divulgam e comemoram todos os anos. Pat Connolly é presidente.

9. **263** Número de horas de treinamento que cada funcionário da Container Store recebe em seu primeiro ano de trabalho, comparadas com a média de 7% a 8% da indústria varejista. Kip Tindell é o CEO.

10. **70.000.000** Número de garotas que fizeram a Promessa da Girl Scout desde 1912. Kathy Cloninger é a antiga CEO da Girl Scout.

32
Viva e lidere pela lei da Girl Scout

As Girl Scouts são mais que biscoitos e acampamentos. Elas produzem boas cidadãs, adultos responsáveis e líderes. Essas bandeirantes ajudam garotas a alcançar seu mais alto potencial. Por mais de cem anos, a organização transformou a noção de que liderança é um território exclusivamente masculino. Desde sua fundação, em 1912, quase 70 milhões de garotas foram bandeirantes. Quase 70% das mulheres líderes nos Estados Unidos, em organizações cívicas, empresas, na política e na educação, foram bandeirantes. Todas as mulheres astronautas também foram. Aproximadamente cinquenta bandeirantes são eleitas regularmente para o Congresso. Dez delas receberam medalhas de ouro olímpicas. A instituição Girl Scouts cria líderes.

ENTRE AS LÍDERES ESTÃO:

Madeleine Albright – ex-secretária de Estado dos EUA

Jacqueline Allison – contra-almirante, Marinha dos EUA

Melissa Sue Anderson – atriz

Lucille Ball – comediante

Candice Bergen – atriz

Polly Bergen – atriz

Amelia Betanzos – presidente/CEO, Wildcat Service Corp

Shirley Temple Black – atriz e embaixadora dos EUA nas Nações Unidas

Bonnie Blair – medalha de ouro olímpica em 1994 em patinação

Erma Bombeck – autora

Rita Braver – correspondente, "CBS News"

Dra. Joyce Brothers – psicóloga e personalidade do rádio e da televisão

Laura Bush – esposa do presidente George W. Bush. Também é presidente honorária das Girls Scouts, EUA

Mariah Carey – cantora

Lynda Carter – atriz

Rosalyn Carter – esposa do presidente Jimmy Carter

Peggy Cass – atriz

Suzy Chaffee – esquiadora; campeã mundial em estilo livre, 1971-1973

Chelsea Clinton – filha de Bill Clinton

Hillary Rodham Clinton – senadora dos EUA e esposa de Bill Clinton

Susan Collins – senadora dos EUA pelo Maine

Katie Couric – âncora de noticiário

Betty Davis – atriz

Sandra Day O'Connor – Suprema Corte dos EUA

Celine Dion – cantora

Elizabeth Dole – ex-presidente, Cruz Vermelha americana

Elizabeth II – rainha da Inglaterra

Carol C. Elliott – general-brigadeira, Força Aérea dos EUA

Geraldine Ferraro – ex-deputada federal por Nova York e candidata à vice-presidência

Debbi Fields – fundadora da Mrs. Fields Cookies

Peggy Fleming – medalha de ouro olímpica em patinação em 1968

Tipper Gore – esposa do vice-presidente Al Gore

Ella Grasso – ex-governadora de Connecticut

Florence Griffith-Joyner – medalha de ouro olímpica; campeã em atletismo

Dorothy Hamill – medalha de ouro olímpica em patinação em 1976

Helen Hayes – atriz

Ricki Tigert Heifer – ex-presidente do conselho, Federal Deposit Insurance Corp.

Lou Henry Hoover – esposa do presidente Herbert Hoover

Nancy Kassenbaum – senadora pelo Kansas

Grace Kelly – atriz

Ethel Kennedy – esposa de Robert Kennedy

Jeanne Kirkpatrick – ex-embaixadora dos EUA nas Nações Unidas

Dorothy Lamour – atriz

Ann Landers – colunista

Rebecca Lobo – jogadora de basquete da WNBA

Nancy Lopez – golfista profissional

Susan Lucci – atriz

Ellen Marram – ex-presidente, Tropicana

Natalie Merchant – cantora

Barbara Mikulski – senadora por Maryland

Ann Moore – editora, revista *People*

Erin Moriarty – repórter de TV, CBS "48 Hours"

Pat Nixon – esposa do presidente Richard Nixon

Julie Nixon Eisenhower – filha de Richard Nixon

Dolly Parton – cantora

Jane Pauley – repórter de TV

Princesa Anne – atleta olímpica e presidente da organização Save the Children

Princesa Margaret – trabalha em instituições de caridade

Nancy Reagan – esposa do presidente Ronald Reagan

Janet Reno – ex-procuradora-geral dos EUA

Debbie Reynolds – atriz

Dra. Sally Ride – astronauta, primeira mulher americana no espaço

Cathy Rigby – ginasta olímpica e comentarista de TV

Pat Schroeder – primeira deputada federal pelo Colorado

Helen Sharman – primeira mulher britânica no espaço

Claire Shipman – correspondente do "NBC News" na Casa Branca

Dinah Shore – atriz

Gloria Steinem – autora

Martha Stewart – personalidade da televisão

Taylor Swift – cantora

Marlo Thomas – atriz

Cheryl Tiegs – modelo

Mary Tyler Moore – atriz

Barbara Walters – âncora da ABC

Dionne Warwick – cantora

Elizabeth Watson – chefe de polícia de Houston

Sheila Widnall – secretária da Força Aérea dos EUA (aposentada)

Venus Williams – tenista profissional

Myrna Williamson – general do Exército (aposentada)

Judy Woodruff – âncora e correspondente, "CNN"

Kathy Cloninger (CEO, Girl Scouts of the USA) enfatiza:
"Neste país, nós realmente nos preocupamos a respeito de liderança. Estamos formando garotas que crescem para ser corajosas e confiantes, que têm o tipo certo de caráter, que se baseiam na Girl Scout Law e continuam para tornar a América um lugar melhor. Nossa marca é de liderança dos cidadãos. Dizemos às nossas garotas que não é preciso esperar até ser adulta para ser líder."

Os líderes transformadores entendem o que as Girl Scouts querem dizer com ensinar confiança e coragem.

Kathy Cloninger: "Liderança está ligada a autoconfiança. Nas Girl Scouts, garotas e voluntários tentam muitas coisas, fracassam em algumas, têm sucesso em muitas. Dizemos às bandeirantes que tenham coragem de enfrentar seus pares. A não sucumbir à pressão dos pares, a fazer a coisa certa quando todas as outras estão em outra direção."

Um dos mais incríveis sucessos de marketing no comércio é o fenômeno dos biscoitos da Girl Scout. A Venda de Biscoitos ensina às garotas espírito empreendedor financeiro, qualidades para vendas e práticas éticas de negócios.

Kathy Cloninger: "A Venda de Biscoitos das Girls Scouts, além de milhares de atividades menos conhecidas, dá às nossas garotas treinamento prático que constitui uma experiência útil para futuras líderes."

A promessa e a lei da Girl Scout:

A Promessa e a Lei da Girl Scout são compartilhadas por todos os membros da organização. A Promessa da Girl Scout é a maneira pela qual elas concordam em agir todos os dias entre si e com outras pessoas, e a Lei da Girl Scout delineia um modo de agir em relação a elas mesmas e ao mundo.

Promessa da Girl Scout

Sobre minha honra, tentarei:
Servir a Deus e ao meu país,
Ajudar pessoas a qualquer momento,
E viver pela Lei da Girl Scout.

Lei da Girl Scout

Farei o possível para ser
Honesta e justa,
Amigável e útil,
Respeitosa e atenciosa,
Corajosa e forte, e
Responsável por aquilo que digo e faço,
E
Respeitar a mim mesma e aos outros,
Respeitar a autoridade, usar recursos com sabedoria,
Tornar o mundo um lugar melhor, e
Ser uma irmã de toda Girl Scout.

Viva e lidere pela Lei da Girl Scout.

33

Transpire alegria

Clientes são pessoas. Fornecedores são pessoas. Quando uma pessoa ligada à sua empresa faz algo que a ajuda, transpire alegria. Agradecimentos sinceros, felizes e entusiasmados nunca machucam.

Quando um professor dá qualquer coisa a um aluno de 3 anos, mesmo que seja um pirulito, este responde com um grande sorriso, aplaude e grita: "Para mim?" A criança de 3 anos transpira alegria. Ela é o sonho de todo professor.

Quando um cliente faz uma compra, transpire alegria. Quando um cliente faz um boca a boca positivo, dá uma referência, faz uma sugestão ou uma queixa, transpire alegria.

Quando um colega resolve um problema, fecha uma venda, dá uma ajuda, empacota uma caixa, esvazia o lixo, entrega um produto, transpire alegria. Quando o FedEx entrega, transpire alegria.

> **Ayn LaPlant (CEO, Beekley Corp.):** "Quando ouço elogios e aplausos espontâneos, sei que estamos tendo outro dia maravilhoso."

Transpire alegria e construa lealdades. Não custa nada.

Epílogo

Diversão

Recuperar empresas, fundar empresas, transformar culturas, indústrias e sociedades é um trabalho difícil. A despeito do trabalho, os executivos transformadores se divertem e põem diversão nos negócios. Mark Dixon, CEO da Regus, mantém uma prancha de wind surf pronta para pegar a próxima grande onda. Jim McCann, fundador e CEO da 1-800-Flowers, "entrega sorrisos". Tony Hsieh, CEO da Zappos, "entrega alegria". O mantra de Larry Culp na Danaher Corp., onde é CEO, é "vencer é divertido". A Danaher tem muita diversão. Jim Skinner (CEO, McDonald's) vende milhões de "Refeições Felizes" todas as semanas.

> **Maxine Clark (CEO, Build-A-Bear Workshop):** "Qualquer empresa de sucesso opera sobre diversão, e o que pode ser mais divertido do que montar seu próprio urso de pelúcia?"

Muita diversão. Mas Joe Grano (antigo presidente do conselho e CEO da UBS PaineWebber, hoje CEO, Centurion

Holdings, LLC) vence o jogo da diversão. Tem poltronas excelentes, passes para os bastidores a qualquer momento para o grande sucesso da Broadway *Jersey Boys*. O musical se baseia na música da Frankie Valli e Bob Gaudio dos The Four Seasons (todos membros do Rock and Roll Hall of Fame). Joe Grano é amigo de Frankie Valli e Bob Gaudio há mais de 30 anos. Depois que todos os investidores tradicionais da Broadway disseram "não" ao financiamento do musical, Joe Grano, como de costume, disse: "Por que não." Desde que o espetáculo estreou, mais de 12 milhões de pessoas viram *Jersey Boys*.

Do incomparável Bob Gaudio, a letra do seu "Big Man in Town":

"Dinheiro, não tenho nenhum,
Estou no último centavo
Vou ser sucesso,
É só esperar para ver."

Os executivos transformadores têm sucesso. Divirtam-se.

Este livro foi impresso na Editora JPA Ltda.
Av. Brasil, 10.600 – Rio de Janeiro – RJ,
para a Editora Rocco Ltda.